旅鉄 BOOKS

完全保存版

ニッポンの鉄道150年物語

「旅と鉄道」編集部 編

人
jin

150年前の世界にタイムスリップ！

明治時代の人々が出合った駅と鉄道

日本で鉄道が開業した1872（明治5）年前後、名だたる浮世絵師たちによって駅や蒸気機関車が描かれた。絵師が想像で描いたものも多く、ちょっと不思議な鉄道風景から華やかなりし文明開化の空気感が伝わってくる。

「大日本鐵道發車之圖」 井上探景画

開業を祝う式典「開行式」は明治天皇ご臨席のもと開かれた。鉄道頭・井上勝や、大隈重信、板垣退助、西郷隆盛など明治新政府の高官、華族らが描かれている。開業前に描かれた錦絵に比べ機関車の描写が実物に近い。1889（明治22）年

画像／国立国会図書館デジタルアーカイブ

「東京汐留鉄道舘蒸汽車待合之図」 歌川広重画

三代目広重によって描かれた新橋駅の錦絵の一つ。左上には「大人一人前 上等一両二朱」など等級別料金と時刻が記されている。1872（明治5）年

画像／国立国会図書館デジタルアーカイブ

「東京蒸気車鉄道一覧之図」 歌川芳虎画

開業の前年に描かれた新橋〜横浜の鳥瞰図。新橋から品川まで東京湾の上を走る蒸気機関車、右下には増上寺などの姿も見える。1871（明治4）年
画像／国立国会図書館デジタルアーカイブ

「東海名所 改正五十三驛」

歌川広重画

「東海道五十三次」から約40年後の1875（明治8）年の出版で、東海道各宿駅を描いたもの。「五十三次」同様の構図の「日本橋」には電線が走り、「新橋」「品川」「川崎」「神奈川」では蒸気機関車が描かれている。

画像／国立国会図書館デジタルアーカイブ

「写真名所一覧 新橋鉄道館之図」 歌川国政画

新橋は多くの絵師が描いているが、これは建物をメインに描いたもの。「写真名所一覧」にはこのほかにも高輪の築堤を走る蒸気機関車など鉄道風景をモチーフにした作品がある。1872（明治5）年
画像／国立国会図書館デジタルアーカイブ

「東京名勝高縄鉄道之図」　歌川広重画

高輪の築堤を走る奇妙な形の蒸気機関車、海上には蒸気船「弘明丸」、手前には明治3年に完成した品川燈台など、当時の最先端のものが詰め込まれている。1871（明治4）年
画像／国立国会図書館デジタルアーカイブ

「高輪牛町朧月景」
小林清親画

光と影を巧みに表現した「光線画」による東京名所絵の一つ。描かれているのは実際に走っていた英国製機関車ではなく正面にカウキャッチャーを備えた米国型で、アメリカの石版画を参考に描いたのではないかといわれている。1879（明治12）年
画像／国立国会図書館デジタルアーカイブ『清親畫帖』より

「東京名所図会 高輪の海岸」
歌川広重画

築堤は本芝から高輪海岸を経て品川までの約2.7kmにわたり、幅は約6.4m。海上ルートになったのは兵部省が高輪の引渡しを拒んだことにより採られた策だといわれている。

画像／国立国会図書館デジタルアーカイブ

「東京八ツ山下海岸蒸気車鉄道之図」歌川広重画

海上を走る蒸気機関車が描かれているが、馬車のような姿もさることながらレールすら描かれていない。明治5年に焼失した築地ホテル館が描かれていることからも、鉄道開業以前に想像で描いたものとされている。1871（明治4）年頃

画像／東京都立図書館デジタルアーカイブ

「写真名所一覧 品川蒸気車鉄道之図」

歌川国政画

『写真名所一覧』のうち鉄道見物の名所でもあった八ッ山橋を描いたもの。線路脇には梯子式の信号機らしきものも見える。1872（明治5）年

画像／国立国会図書館デジタルアーカイブ

「横浜海岸鉄道蒸気車図」歌川広重画

手前にはたくさんの乗客を乗せた蒸気機関車、奥の海上には万国旗を掲げた各国の大型蒸気船が並び、横浜らしい華やかな風景が描かれた錦絵。1874（明治7）年頃

画像／東京都立図書館デジタルアーカイブ

Contents

第3章　鉄道はじまりの地・横浜 …… 085

＊本書は『旅と鉄道』2022年増刊10月号「鉄道150年物語」、2022年増刊9月号「横浜と鉄道」を再編集したものです。列車の運行状況等が変更になる可能性がありますので、お出かけ前に最新の情報をご確認ください。
カバー、表紙／「写真名所一覧 品川蒸気車鉄道之図」 歌川国政画 画像／国立国会図書館デジタルアーカイブ
大扉／「写真名所一覧 新橋鉄道館之図」 歌川国政画 画像／国立国会図書館デジタルアーカイブ

第1章

鉄道150年 年表

1872年にわが国初の鉄道が開業して今年で150年。
記念すべきこの年に、これまで起こったさまざまな出来事を
写真とともに振り返ってみよう。

文／松本典久

1872年～1945年

日本初の鉄道の開通と戦前に迎えた〝鉄道黄金期〟

今から150年前の1872（明治5）年、新橋～横浜間で日本初となる鉄道が開業した。

当時の明治政府は「日本の鉄道主要幹線は官設鉄道（国鉄）とする」と考えていたが、資金不足などの問題もあり、日本鉄道をはじめとする私設鉄道（私鉄）も容認することに。その結果、東西幹線などは国鉄として完成したが、国内各地の路線はさまざまな私鉄によって拡張していくことになった。

日本鉄道は現在の東北本線をはじめとする東北エリアの路線を建設したが、こうした私鉄によって現在の函館本線、中央本線、総武本線、関西本線、山陽本線、筑豊本線、鹿児島本線などの前身となる路線が一部または全区間で形をなしている。

明治末期の日清・日露戦争時、鉄道の有用性が証明される一方、さまざまな私鉄が入り乱れている点が問題となった。それを打開すべく1906（明治39）年に「鉄道国有法」が施行され、規模の大きかった17私鉄が買収された。これにより2000キロ余りだった国鉄線は一挙に7000キロを超える規模となった。

その後、国鉄は車両の標準化、路線拡張、輸送力増強を進めていく。

当時の運行の要となる蒸気機関車

（ＳＬ）は、鉄道創業期より欧米諸国からの輸入品が多く、さらに私鉄買収で雑多な車種が集まることになった。国鉄では制式機を開発、国産による量産体制も整え、効率的な運用へと切り替えていったのだ。

また、都市部を中心に路面電車や私鉄電車なども発展していった。国鉄でも東京や京阪神で電車運転を進めている。

施設では、丹那トンネルの完成で東海道本線が運行上の難所となっていた御殿場経由から熱海経由に切り替えられ、スピードアップとともに輸送力も格段の進歩となった。また、竣工時には日本最長となった清水トンネルによって上越線が全通、首都圏と日本海側の結束が大きく強まった。

こうした車両や施設の整備が進み、昭和初期には国鉄の輸送は旅客・貨物ともに急成長を遂げ、戦前の鉄道黄金期といえる時代に入っていった。

１９３０（昭和５）年には特急「燕」も誕生する。当時としては驚異的な高速運転を実施し、人々には〝超特急〟とも呼ばれ、国鉄を象徴する看板列車となった。しかし、太平洋戦争中の１９４３（昭和18）年には廃止。まさに鉄道黄金期の終焉を象徴する出来事となった。

なお、戦時下には関門トンネルも開通、本州と九州の鉄道が結ばれ、それまでの連絡船利用から列車直通運転となった。新線の建設は戦時下も進められ、１９４４（昭和19）年度には国鉄線が２万キロを超えている。

1872(明治5)年	6月12日(旧暦5月7日)	品川～横浜間仮開業
	10月14日(旧暦9月12日)	新橋～横浜間開業(日本初の鉄道本開業。一般営業は翌日から)
1873(明治6)年	9月15日	新橋～横浜間で貨物営業開始、貨物列車運転開始
1874(明治7)年	5月11日	大阪～神戸間開業(関西初の鉄道)
1877(明治10)年	2月5日	京都～神戸間全通
	2月15日	〈西南戦争が始まる〉
1880(明治13)年	11月28日	幌内鉄道手宮～札幌間開業(北海道初の本格鉄道。現・函館本線の一部など)
1882(明治15)年	3月10日	金ヶ崎(のち敦賀港)～長浜間仮開業(途中の柳ケ瀬トンネルは未竣工)
	6月25日	東京馬車鉄道開業(日本初の馬車鉄道。日本初の私鉄ともいえる。東京都電のルーツ)
1883(明治16)年	7月28日	日本鉄道上野～熊谷間開業(日本初の私鉄)
1885(明治18)年	12月29日	阪堺鉄道難波～大和川間開業(現・南海電気鉄道。純民間資本で現存する日本最古の私鉄)
1886(明治19)年	1月1日	新橋～横浜間で定期乗車券設定(日本初の定期券)
1887(明治20)年	5月18日	「私設鉄道条例」公布
1888(明治21)年	10月28日	伊予鉄道松山～三津間開業(四国初の鉄道)
1889(明治22)年	7月1日	新橋～神戸間全通。のち東海道線、さらに東海道本線となる
	12月11日	九州鉄道博多～千歳川(仮)間開業(九州初の鉄道。現・鹿児島本線の一部)
1890(明治23)年	5月4日	第3回内国勧業博覧会で日本初の電車展示運転
	8月23日	「軌道条例」公布
1891(明治24)年	9月1日	日本鉄道上野～青森間全通
1892(明治25)年	6月21日	「鉄道敷設法」公布

1893(明治26)年 4月1日 横川〜軽井沢間開業(日本初のアプト式鉄道)で、高崎〜直江津間全通(現・信越本線の一部)

6月 日本初の国産蒸気機関車完成(のちの860形)

1894(明治27)年 8月1日 〈日清戦争が始まる〉

10月10日 山陽鉄道が神戸〜広島間で「急行」設定(日本初の本格急行列車)

12月21日 川越鉄道(現・西武鉄道)開業

1895(明治28)年 1月31日 京都電気鉄道開業(日本初の電車運転)

2月23日 官設鉄道の線路名統一(東海道線・信越線・奥羽線・北陸線の名称決定)

8月25日 南海鉄道(現・南海電気鉄道)設立、のち阪堺鉄道の事業を譲受

1896(明治29)年 5月14日 「北海道鉄道敷設法」公布

9月1日 新橋〜神戸間で「急行」設定(国鉄初の本格急行列車)

1897(明治30)年 11月 官設鉄道で等級を1・2・3等に改め、客車外側に等級帯も表示

1898(明治31)年 1月 関西鉄道の客車内に電灯設置(日本初の列車電灯)

5月6日 名古屋電気鉄道(現・名古屋鉄道)開業(この路線は名古屋市電となる)(日本で2番目の電車運転)

1899(明治32)年 1月21日 大師電気鉄道(のち京浜電気鉄道、現・京浜急行電鉄)開業(関東初の電気鉄道)

5月25日 山陽鉄道で食堂車連結(日本初の食堂車)

8月27日 東武鉄道開業

1900(明治33)年 3月16日 「私設鉄道法」公布

4月8日 山陽鉄道で寝台車連結(日本初の寝台車)

1901(明治34)年 5月27日 山陽鉄道神戸〜馬関(現・下関)間全通、馬関港〜門司港間などで鉄道連絡船運航開始(本州〜九州連絡)

1903(明治36)年 3月18日 岡山港〜高松港間などで鉄道連絡船運航開始(本州〜四国連絡)

1904（明治37）年	2月10日	〈日露戦争が始まる〉
	8月21日	甲武鉄道飯田町～中野間で電車運転開始。自動信号も導入（日本の一般鉄道初の電車、日本初の自動信号）
1905（明治38）年	4月12日	阪神電気鉄道開業
1906（明治39）年	3月31日	「鉄道国有法」公布。翌年にかけて17社の私鉄が国有化される
1908（明治41）年	3月7日	青函連絡船、国鉄直営で運航開始（本州～北海道連絡）
1909（明治42）年	11月21日	矢岳トンネル開通で門司港～鹿児島間全通
	12月16日	烏森（現・新橋）～品川～上野間、池袋～赤羽間で電車運転開始
1910（明治43）年	3月10日	箕面有馬電気軌道（現・阪急電鉄）開業
	4月15日	京阪電気鉄道開業
	4月21日	「軽便鉄道法」公布業
1912（明治45）年	2月18日	愛知電気鉄道（現・名古屋鉄道）開業
	5月11日	信越本線横川～軽井沢間でアプト式電気機関車（10000形）運転開始（日本初の電気機関車）
	6月15日	新橋～下関間で特別急行列車運転開始（日本初の特急）
1912（大正元）年	11月3日	京成電気軌道（現・京成電鉄）開業
1913（大正2）年	4月15日	京王電気軌道（現・京王電鉄）開業
	6月10日	日本内地からシベリア経由で欧州主要都市との国際連絡運輸開始
	8月1日	東海道本線全線複線化完了
1914（大正3）年	4月30日	大阪電気軌道（現・近畿日本鉄道）開業
	7月28日	〈第一次世界大戦が始まる〉
	12月20日	東京駅開業。東京～高島町間で京浜線電車運転開始（京浜東北線のルーツ）

1915（大正4）年
4月15日 武蔵野鉄道（現・西武鉄道）開業

1919（大正8）年
4月9日 「地方鉄道法」公布

1921（大正10）年
4月14日 「軌道法」公布
6月13日 名古屋電気鉄道の全額出資で名古屋鉄道（のち名岐鉄道）設立
9月28日 相模鉄道開業（この時の開業路線は現在のJR相模線）

1922（大正11）年
4月11日 「鉄道敷設法」（通称・改正鉄道敷設法）公布
10月14日 「鉄道記念日」（現・鉄道の日）制定

1923（大正12）年
3月11日 目黒蒲田電鉄開業（現・東急電鉄）
9月1日 〈関東大震災〉

1925（大正14）年
2月14日 東京横浜電鉄（現・東急電鉄）開業
7月1日 国鉄車両の連結器を自動連結器に交換開始。7月20日まで計画分を完了
11月1日 神田～上野間開通で、山手線環状運転開始
12月13日 東京～国府津・横須賀間で電気機関車による列車運転開始

1926（大正15）年
4月24日 東京駅と上野駅で入場券自動販売機使用開始（日本初の自動券売機）
5月12日 神中鉄道（現・相模鉄道）開業

1927（昭和2）
4月1日 小田原急行鉄道（現・小田急電鉄）開業
12月30日 東京地下鉄道（現・東京地下鉄）上野～浅草間開業（日本初の地下鉄）

1929（昭和4）年
9月15日 東京～下関間の特急1・2列車、3・4列車に「富士」「桜」と命名（列車名称のはじまり）
10月27日 参宮急行電鉄（現・近畿日本鉄道）開業
11月7日 「富士」「桜」でトレインマーク制定（客車の最後尾に掲出）

1930（昭和5）年
3月15日 横須賀線東京～横須賀間電車運転開始

4月1日　鉄道営業にメートル法採用。運賃計算などはマイルからキロに。湘南電気鉄道（現・京浜急行電鉄）開業

10月1日　東京～神戸間に特急「燕」新設

１９３１（昭和6）年

4月1日　中央本線八王子～甲府間で電気機関車運転開始

9月1日　上越線全通（当時国内最長の清水トンネルも開通）、水上～石打間で電気機関車運転開始

9月18日　〈満州事変が始まる〉

１９３２（昭和7）年

9月1日　京浜線の電車運転が大宮まで延伸、現在の京浜東北線に続く運転となる

１９３３（昭和8）年

5月20日　大阪市営地下鉄開業（日本初の公営地下鉄）

8月1日　帝都電鉄（現・京王電鉄）開業

１９３４（昭和9）年

12月1日　丹那トンネル完成で東海道本線を御殿場経由から熱海経由に変更

１９３５（昭和10）年

7月15日　特急「富士」にシャワーバスを設置（１９３８年5月19日廃止）

8月1日　名岐鉄道と愛知電気鉄道が合併、新たな名古屋鉄道発足

１９３６（昭和11）年

7月19日　南海鉄道（現・南海電気鉄道）で冷房使用開始（日本初の冷房車）

8月19日　特急「燕」食堂車で冷房使用開始（国鉄初の冷房車）

旅客用蒸気機関車Ｃ５７形登場

１９３７（昭和12）年

貨物用蒸気機関車Ｄ５１形登場

１９３８（昭和13）年

4月1日　〈「国家総動員法」公布〉

4月2日　〈「陸上交通事業調整法」公布〉

11月18日　東京高速鉄道（現・東京地下鉄）開業

１９３９（昭和14）年

9月3日　〈第二次世界大戦が始まる〉

１９４０（昭和15）年

2月1日　〈「陸運統制令」公布〉

1941（昭和16）年

3月25日　東京～下関間「弾丸列車」計画予算成立

3月7日　「帝都高速度交通営団法」公布

3月15日　大阪電気軌道が参宮急行電鉄を合併、関西急行鉄道発足

9月1日　東京地下鉄道と東京高速鉄道が帝都高速度交通営団（営団地下鉄。現・東京地下鉄）に引き継がれる

11月1日　京浜電気鉄道と湘南電気鉄道が合併、新たな京浜電気鉄道発足

12月8日　〈太平洋戦争が始まる〉

戦前最大の大型旅客用蒸気機関車Ｃ５９形登場

1942（昭和17）年

5月1日　東京横浜電鉄が京浜電気鉄道・小田急電鉄を合併、東京急行電鉄に社名変更

6月11日　関門トンネル一部竣工（日本初の海底トンネル。複線竣工は１９４４年9月9日）

9月19日　九州電気軌道が福博電車、九州鉄道、博多湾鉄道汽船、筑前参宮鉄道を合併。のち西日本鉄道に社名変更

10月11日　「24時制」実施

1943（昭和18）年

4月1日　相模鉄道が神中鉄道を吸収合併

7月1日　特別急行を第1種急行、普通急行を第2種急行と改訂

10月1日　阪神急行電鉄が京阪電気鉄道を合併、京阪神急行電鉄に社名変更

戦時形Ｄ５２形登場

1944（昭和19）年

4月1日　決戦非常措置要綱により1等車・寝台車・食堂車を全廃、急行列車を縮減

6月1日　関西急行鉄道と南海鉄道の合併で近畿日本鉄道発足

戦時形モハ63系電車・ＥＦ１３形登場

1945（昭和20）年

8月15日　〈終戦〉

1945年～1987年

進む戦後復興と転機を迎えた国鉄

日本の鉄道網の骨幹となる国鉄は、明治の鉄道創業期より鉄道省など国の行政機関によって運営されてきた。しかし、戦後の体制改革で1949（昭和24）年から公共企業体「日本国有鉄道」によって運営されることになった。

この時代、私鉄も改変が進んだ。戦時中、「陸上交通事業調整法」による統制などから多くの私鉄が合併されたが、それが再び分離するなど改変されたのだ。現在の大手私鉄は大半がこの時期の改変を経て現行の姿を築いている。

ともあれ新体制となった国鉄と私鉄に課されたのは、戦後の復興だった。鉄道は施設、車両とも戦時下に疲弊し、ようやく運行しているような状態だった。

国鉄では復興を象徴するように、戦時中に全廃としていた特急を公共事業体発足から3カ月後に東京～大阪間の「へいわ」として復活させ、翌年には「つばめ」として運行するようになった。さらに同年中に「はと」も増発している。また、「つばめ」「はと」に続いて、同年11月には急行にも列車名を付けることになり「明星」「彗星」「日本海」「北陸」などの愛称が誕生した。

施設の整備も各地で行われていたが、東海道本線では電化工事が進められた。戦前は東京から沼津までしか電化されていなかったのだ。徐々に延伸、1956（昭和31）年には全線電化が完成した。

国鉄ではこの東海道本線全線電化に向け、電車の導入も進めた。明治期から長距離列車はすべて客車にて運行されており、電車は都市部の運行に限られていたのだ。まず初の長距離用電車として80系を開発した。さらに革新的な通勤形電車として誕生した101系のシステムを採り入れ、151系（当初は20系）特急形電車、153系（当初はモハ91系）急行形電車を開発、電車特急「こだま」、電車急行「せっつ」などとして運行を開始した。この技術がのちの新幹線へと引き継がれていくのだ。

その後も電化は進められていくが、国鉄線の大半はまだまだ非電化だった。そこでキハ80系特急形気動車、キハ58系急行形気動車も開発していく。キハ80系は1961（昭和36）年から本格活用され、この時、北海道から九州まで全国の幹線で特急が運転されるようになった。

1964（昭和39）年には東海道新幹線が開業。ここでは0系電車によって最高時速210キロ運転を実施、以来、世界最高速の鉄道として活躍していく。その成功により山陽新幹線の建設が決まり、さらに「整備新幹線」として北海道から九州までの新幹線網が国の事業として定められることになったのである。

「ヨンサントオ」と呼ばれる1968（昭和43）年10月のダイヤ改正は、東北本線の全線電化を契機に実施されたものだが、主要幹線の最高時速120キロ化なども行われ、特急列車の大増発でも知られる。「しなの」「ひだ」「にちりん」など今日のJRで運行されている特急もこのダイヤ改正で誕生したものだ。

1975（昭和50）年3月、山陽新幹線が博多駅まで延伸して全線開業。同年12月には国鉄のSL定期列車が全廃（入換用SLは翌年3月まで）。この年は国鉄の近代化を象徴するような年になった。

しかし、国鉄の経営という観点では大きな転機となっていた。実は国鉄の経営は、新幹線の開業した1964（昭和39）年度で単年度赤字を計上。当初は繰り越し利益でカバーしたが、1966（昭和41）年度決算で完全な赤字に転落。それが累積していったのである。赤字解消対策としてローカル線の整理も多少行われたが、抜本的改善には至らず、この時代は値上げを繰り返している。1976（昭和51）年には50％もの値上げも行われ、〝国鉄離れ〟も引き起こしてしまう。

最終的に1980（昭和55）年にいわゆる「国鉄再建法」が施行されて赤字ローカル線の廃止が進められ、さらに1986（昭和61）年には国鉄改革関連8法が成立、国鉄の分割民営化が決定したのである。

1945（昭和20）年 9月22日 武蔵野鉄道と西武鉄道（旧）が合併、西武農業鉄道発足
1946（昭和21）年 11月15日 西武農業鉄道を西武鉄道（現行）に社名変更
1947（昭和22）年 6月1日 近畿日本鉄道から元・南海鉄道路線を南海電気鉄道（高野山電気鉄道を改称）へ譲渡（現行南海発足）
1948（昭和23）年 6月1日 東京急行電鉄（現・東急電鉄）より小田急電鉄、京浜急行電鉄、京王帝都電鉄（現・京王電鉄）が分離発足
12月20日 「日本国有鉄道法」公布
日本最大の旅客用蒸気機関車C62形登場
1949（昭和24）年 6月1日 公共企業体「日本国有鉄道」発足
9月15日 東京～大阪間で戦後初の特急「へいわ」運転開始
12月1日 京阪神急行電鉄から京阪本線など分離して京阪電気鉄道発足
1950（昭和25）年 1月1日 東京～大阪間の特急「へいわ」を「つばめ」と改称
3月1日 東京～沼津間で80系「湘南電車」運転開始
5月11日 東京～大阪間で特急「はと」運転開始
1951（昭和26）年 4月24日 桜木町駅で電車火災（桜木町事件）
1953（昭和27）年 8月5日 「鉄道軌道整備法」公布
1954（昭和28）年 8月5日 「地方鉄道軌道整備法」公布
1955（昭和29）年 9年3日 京阪電気鉄道で「テレビカー」運転開始
9月26日 台風により青函連絡船「洞爺丸」など沈没（洞爺丸事故）
10月16日 東急東横線で超軽量高性能 5000 系（通称・青ガエル）運転開始
12月15日 東海道本線で時速129キロの狭軌蒸気機関車最高速度を記録（C62形17号機）

1955(昭和30)年	2月	「一般周遊券(普通周遊乗車券)」発売開始
	5月11日	宇高連絡船「紫雲丸」沈没(紫雲丸事件)
1956(昭和31)年	7月	「均一周遊券(均一周遊乗車券)」発売開始(のちのワイド周遊券)
	11月19日	東海道本線の全線電化完成。国鉄白紙ダイヤ改正。「京浜東北線」の名称設定
1957(昭和32)	9月5日	仙山線仙台〜作並間で交流電気機関車の運転開始(交流電化のはじまり)
	9月27日	東海道本線で小田急SE車による高速度試験を実施、時速145キロを記録
	12月17日	上野動物園にモノレール(都営懸垂式鉄道)開業(日本初のモノレール)
		国鉄初の新性能電車モハ90系登場(101系として量産)
1958(昭和33)年	7月11日	近畿日本鉄道で2階展望付き特急電車「ビスタカー」運転開始
	10月1日	東京〜博多間の夜行特急「あさかぜ」に20系客車導入(ブルートレインのはじまり)
	11月1日	東京〜大阪・神戸間で電車特急「こだま」運転開始(電車特急のはじまり)
	12月12日	東海道新幹線の着工を決定(交通閣僚懇談会)
1959(昭和34)年	2月18日	京阪神急行(現・阪急電鉄)、梅田〜十三間に3複線が開通
	4月20日	東海道新幹線の起工式
	7月31日	東海道本線で151系特急形電車で高速度試験を実施、時速162・5キロを記録
	11月5日	汐留〜梅田間で特急コンテナ列車「たから」運転開始
1960(昭和35)年	2月1日	東京駅などで指定席予約のコンピューターシステム「マルス」運用開始
	6月1日	東京〜大阪間の特急「つばめ」「はと」を電車化
	7月1日	国鉄の等級制改訂。1等を廃止、2・3等を1・2等に格上げ
	12月4日	都営1号線(現・浅草線)と京成線との相互直通運転開始(地下鉄直通運転のはじまり)
	12月10日	上野〜青森間でキハ80系気動車特急「はつかり」運転開始(気動車特急のはじまり)

1961（昭和36）年	4月25日	大阪環状線暫定開業（環状運転は1964年3月23日から）
	10月1日	「サンロクトオ」ダイヤ改正（全国特急列車網を整備）
1962（昭和37）年	1月27日	東急東横線でオールステンレスカー7000系運転開始（日本初のオールステンレスカー）
	5月3日	常磐線三河島駅構内で列車衝突事故（三河島事故。これを契機にATSを整備）
	5月31日	営団地下鉄日比谷線と東武鉄道との相互直通運転開始
	6月10日	北陸トンネル開通（全長1万3869メートルで当時日本最長）
1963（昭和38）年	9月30日	信越本線横川～軽井沢間のアプト式を通常の粘着運転に切り替え
	11月1日	西武池袋線で私鉄初の10両連結運転開始
	11月9日	東海道本線鶴見～横浜間で列車衝突事故（鶴見事故）
		103系電車登場
1964（昭和39）年	2月29日	「日本鉄道建設公団法」公布
	3月23日	日本鉄道建設公団（現・鉄道建設・運輸施設整備支援機構）発足
	8月29日	営団地下鉄日比谷線全通で、東急・東武・営団3社の相互乗り入れ開始
	9月17日	東京モノレール開業
	10月1日	東京～新大阪間の東海道新幹線開業（0系新幹線電車）
	10月10日	〈東京オリンピック開催〉
	12月25日	大阪・名古屋～富山間の特急「雷鳥」「しらさぎ」運転開始
1965（昭和40）年	7月	「北海道立体周遊券（北海道周遊乗車券第2種）」発売開始（のちのニューワイド周遊券）
	9月24日	「みどりの窓口」設置開始
1966（昭和41）年	4月20日	国鉄全線にATS装置取付け完了
1967（昭和42）年	9月28日	新清水トンネル開通、上越線の複線化完成

1968(昭和43)年
10月1日 新大阪〜博多間で581系寝台特急電車「月光」運転開始(世界初の寝台電車)
10月1日 「ヨンサントオ」白紙ダイヤ改正(東北本線全線電化。幹線最高速度を時速120キロに)
485系交直両用特急形電車登場

1969(昭和44)年
5月10日 等級制度廃止、グリーン車を設定
5月26日 〈東名高速道路全通〉
12月8日 東海道新幹線「ひかり」16両編成化(大阪万博に向けた輸送力増強)

1970(昭和45)年
3月15日 〈大阪万博開催。9月13日まで〉
5月18日 「全国新幹線鉄道整備法」公布
10月4日 国鉄が参画した紀行番組「遠くへ行きたい」が日本テレビ系列で放送開始
10月14日 「ディスカバー・ジャパン」キャンペーン開始
「ミニ周遊券」発売開始

1971(昭和46)年
7月1日 京阪電気鉄道「テレビカー」でカラーテレビ搭載開始
12月16日 札幌市交通局地下鉄南北線開業(日本初のゴムタイヤによる中央案内軌条方式鉄道)

1972(昭和47)年
2月3日 〈札幌オリンピック開催〉
3月15日 山陽新幹線の新大阪〜岡山間開業
5月15日 〈沖縄返還〉
10月2日 国鉄が「エル特急」設定開始
10月10日 鉄道100周年記念事業として「梅小路蒸気機関車館」(現・京都鉄道博物館)開館
10月14日 汐留〜東横浜間でC57形77号機牽引の「鉄道100周年記念列車」運転。15日も運転
11月6日 北陸トンネルで列車火災事故(車両の防災対策の契機となるが、食堂車の廃止も進む)
11月17日 「都市モノレールの整備の促進に関する法律」公布

「ルート周遊券」発売開始

1973（昭和48）年
4月1日 京阪神急行電鉄を阪急電鉄に社名変更
7月10日 名古屋～長野間に381系振り子式特急電車「しなの」運転開始（国内初の振り子式電車）
9月15日 国鉄が「シルバーシート」設定開始

1974（昭和49）年
12月2日 京浜急行電鉄で私鉄初の12両連結運転開始

1975（昭和50）年
3月10日 山陽新幹線の岡山～博多間開業（山陽新幹線全通）
7月20日 〈沖縄海洋博開催。1976年1月18日まで〉
12月14日 国鉄最後の蒸気機関車牽引旅客列車を運転（C57形135号機）
12月24日 国鉄最後の蒸気機関車牽引貨物列車を運転（D51形241号機）

1976（昭和51）年
3月2日 入換用蒸気機関車（9600形）も運用終了、国鉄の蒸気機関車全廃
7月9日 大井川鐵道が蒸気機関車牽引の「かわね路号」運転開始

1977（昭和52）年
7月26日 宮崎実験線で磁気浮上方式鉄道（リニアモーターカー）の浮上走行実験開始

1978（昭和53）年
10月2日 「ゴーサントオ」ダイヤ改正（輸送体系の見直し、列車愛称番号の変更、イラストトレインマーク）

1979（昭和54）年
8月1日 山口線で蒸気機関車牽引の「やまぐち」（現・SLやまぐち）運転開始
10月1日 東海道本線（通称：東海道貨物線）鶴見～横浜羽沢～戸塚間開業
12月21日 宮崎実験線でリニアモーターカーML―500が時速517キロを記録

1980（昭和55）年
12月27日 「日本国有鉄道経営再建促進特別措置法」公布

1981（昭和56）年
2月5日 神戸新交通ポートアイランド線開業（日本初の実用的な新交通システムおよび世界初の自動無人運転）
9月18日 国鉄特定地方交通線第1次線 40 線を選定
10月1日 東京～伊豆急下田間で特急「踊り子」（185系）運転開始

1982(昭和57)年

10月1日 「フルムーン夫婦グリーンパス」発売開始

3月1日 「青春18のびのびきっぷ」発売開始(翌年から「青春18きっぷ」として発売)

6月23日 東北新幹線の大宮〜盛岡間開業(200系新幹線電車)

8月2日 熊本市交通局がVVVFインバータ制御の8200形運転開始(VVVF車のはじまり)

9月2日 国鉄リニアモーターカー初の有人走行に成功

11月15日 上越新幹線の大宮〜新潟間開業(上越新幹線全通)

1983(昭和58)年

3月20日 「ナイスミディパス」発売開始

10月23日 国鉄白糠線廃止(最初の特定地方交通線転換)

1984(昭和59)年

2月1日 国鉄貨物ヤード系集結輸送を廃止、拠点間直行輸送システムへ転換

4月1日 三陸鉄道開業(最初の特定地方交通線を転換する第三セクター鉄道)

4月20日 国鉄初の地域別運賃を導入

1985(昭和60)年

3月14日 東北新幹線の上野〜大宮間開業

3月17日 〈つくば万博開催。9月16日まで〉

3月25日 国鉄の磁気プリペイドカード「オレンジカード」発売開始

1986(昭和61)年

4月30日 「特定都市鉄道整備促進特別措置法」公布

12月4日 「日本国有鉄道改革法」「鉄道事業法」など国鉄改革関連8法公布

12月28日 山陰本線餘部橋梁で回送列車脱線、転落事故

1987(昭和62)年

3月31日 この日限りで公共企業体「日本国有鉄道」終了

1988年〜2022年

JR発足から35年 高速化が進む鉄道

1987（昭和62）年4月1日、国鉄の分割民営化でJRグループが誕生した。

JRグループの貨物輸送はJR貨物として一元化されたが、旅客輸送はJR北海道、JR東日本、JR東海、JR西日本、JR四国、JR九州と地域ごとに6つの会社で運営されることになった。国鉄時代は旅客輸送も一元化することでスケールメリットを活かしてきたが、JR旅客会社は地域の特性に合わせたきめ細やかな運営で、サービスアップと効率化をはかるようになっていく。

発足時のJR各社は国鉄からの引継ぎ車両で運行を開始したが、ほどなく独自設計による新型車両を投入していく。この時代、電気車両では省エネ・省メンテナンスに優れたVVVFインバータ制御＋誘導電動機が実用化され、内燃機関でも改革が進んだ。JR各社では、国鉄車両を単純に置き換えるだけでなく、こうした新技術を活用した車両を開発していったのだ。

新幹線の場合、1992（平成4）年から300系「のぞみ」の運行が始まった。300系では最高時速270キロという高速運転にスポットがあたるが、VVVFインバータ制御＋誘導電動機を使用する初めての新幹線電車でもある。

高速運転で見ると1997（平成9）年から500系「のぞみ」の時速300キロ運転が始まり、東北新幹線ではE5系「はやぶさ」によって2013（平成25）年から時速320キロ運転も始まっている。こうした高速運転は新型車両への置き換えも進めながら現在も続いているが、この先はリニアモーターカーで歴史が刻まれていくだろう。

また、「ミニ新幹線」と呼ばれる新幹線と在来線の直通運転技術も開発され、山形・秋田新幹線で実用化された。さらに輸送需要に合わせたオール2階建てのE1系やE4系も登場している。

国鉄晩年に途絶えていた新幹線の建設も始まり、東北新幹線が全通、さらに北海道・北陸・九州・西九州新幹線の建設も進められていた。

在来線で速達輸送を担い、各鉄道会社の看板ともなる特急でも新型車両導入が相次いだ。先陣を切ったのはJR九州だった。「ハイパーサルーン」と呼ばれる783系を開発、1988（昭和63）年から導入している。同社ではその後も数多くの個性あふれる車両を生み出し、九州島内を縦横に結ぶようになった。

翌年にはJR東日本の651系「スーパーひたち」、JR東海のキハ85系、JR四国の2000系もデビューした。651系は在来線初の時速130キロ運転を実現。在来線ではのちに青函トンネル内で時速140キロ運転、北越急行で時速160キロ運転も行われたが、現在では京成「スカイライナー」の時速160キロ運転が最速となっている。

また、JR四国の2000系は世界初の振り子式気動車だった。振り子式は曲線区間での速度向上に貢献するシステムで、その後、JR北海道のキハ281系・キハ283系、JR東日本のE351系、JR西日本の283系、JR四国の8000系、JR九州の883系・885系などにも採用された。ただし、現在では新方式の車体傾斜システムが開発され、そちらへの移行が進んでいる。

1988（昭和63）年には青函トンネル、瀬戸大橋が開通して4島の鉄道がつながり、「レールが結ぶ、一本列島。」ダイヤ改正も行われた。

象徴的だったのは、上野〜札幌間を結ぶブルートレイン「北斗星」の新設だった。ブルートレインは国鉄時代から寝台客車で運行された寝台特急の愛称。国鉄晩年には不振となっていたが、「北斗星」で人気を盛り返す。ただし、この時代に進められていた高速道路や地方空港の整備もあってブルートレインの存在価値が減少。個室寝台の導入などJR各社の努力も進められていたが、残念ながら全廃となった。

近年ではコロナ禍もあって日本の鉄道運営はかつてない危機に直面しているが、鉄道150年を節目として明日も走り続けることを期待したい。

1987（昭和62）年　4月1日　国鉄の分割・民営化でJRグループ発足

1988（昭和63）年　3月13日　青函トンネル開通、津軽海峡線開業。「レールが結ぶ、一本列島。」ダイヤ改正

寝台特急「北斗星」運転開始（上野〜札幌間。当初は臨時を合わせて3往復）

JR九州の783系「ハイパーサルーン」運転開始（JRグループ初の新型特急形電車）

3月18日　近畿日本鉄道で21000系「アーバンライナー」運転開始（当初時速120キロ、のちに時速130キロ）

4月10日　瀬戸大橋開通、瀬戸大橋線開業

1989（昭和64）年　1月1日　通勤手当非課税限度額を月額2万6000円から5万円に引き上げ（新幹線通勤拡大へ）

1989（平成元）年　3月11日　JR在来線初の時速130キロ運転開始（常磐線651系「スーパーひたち」、湖西・北陸本線485系「スーパー雷鳥」）

世界初の振り子式気動車（JR四国2000系）の試作編成（TSE）が土讃線などで運転開始

4月1日　消費税（税率3%）導入で運賃・料金改定

4月29日　世界初の電車・気動車による動力協調運転開始（485系「有明」＋キハ183系「オランダ村特急」）

7月21日　寝台特急「トワイライトエクスプレス」運転開始（最初は団体専用列車だった）

1990（平成2）年　3月10日　上越新幹線で時速275キロ運転開始（200系「あさひ」）。山手線で6扉車連結

3月20日　大阪市営地下鉄鶴見緑地線（現・大阪メトロ長堀鶴見緑地線）開業（日本初のリニアモーター駆動小

1988年3月に青函トンネルの開業に合わせ誕生し、2015年3月まで上野と札幌を結んでいた寝台特急「北斗星」

1989年、JR在来線で初の時速130キロ運転を開始した常磐線651系「スーパーひたち」

型地下鉄）

4月1日　宮津線・鍛冶屋線・大社線を最後に特定地方交通線83線全線の転換が完了

4月28日　JR東日本の特急「スーパービュー踊り子」（251系）運転開始

7月18日　JR貨物、世界最大級出力のEF200形電気機関車を開発、走行試験開始

1991（平成3）年

3月1日　JR東日本、初のストアードフェア式磁気カード「イオカード」サービス開始（2006年2月10日サービス終了）

3月16日　特急「はつかり」が青函トンネルで時速140キロ運転開始

3月19日　JR東日本の特急「成田エクスプレス」（253系）運転開始

6月20日　東北新幹線の東京～上野間開業

12月10日　都営12号線（現・大江戸線）開業（リニアモーター駆動小型地下鉄）

1992（平成4）年

3月14日　東海道新幹線で300系「のぞみ」運転開始。最高時速270キロ、名古屋・京都駅通過列車も設定

4月26日　「鉄道整備基金法」公布

7月1日　山形新幹線の福島～山形間開業（400系「つばさ」新在直通運転。ミニ新幹線）

1993（平成5）年

10月26日　JR東日本の株式を上場

1994（平成6）年

3月1日　JR北海道の振り子式気動車キハ281系運転開始

6月15日　関西国際空港の空港線鉄道開業（JR西日本と南海が乗り入れ。関西新空港の開港は1994年9月4日）

1990年JR貨物が開発した世界最大級出力のEF200形電気機関車

7月15日 東北・上越新幹線でE1系「Max」運転開始（初のオール2階建て新幹線）

10月14日 「鉄道記念日」を「鉄道の日」に改める

1995（平成7）年

1月17日 〈阪神・淡路大震災〉

4月29日 JR東海の振り子式電車383系運転開始

11月1日 東京臨海新交通「ゆりかもめ」開業

1996（平成8）年

3月20日 関西各私鉄のプリペイドカード「スルッと KANSAI」サービス開始（2018年1月31日サービス終了）

7月26日 東海道新幹線で高速試験中の300X（955形）が時速443キロを記録

7月31日 JR西日本の振り子式電車283系運転開始

10月8日 JR西日本の株式を上場

1997（平成9）年

3月22日 山陽新幹線で500系「のぞみ」運転開始、時速300キロ運転も実施

秋田新幹線の盛岡～秋田間開業（E3系「こまち」新在直通運転）。東北新幹線で時速275キロ運転開始

北越急行ほくほく線が開業、特急「はくたか」運行開始

1997（平成9）年

3月22日 JR北海道の空気ばね式車体傾斜システム搭載のキハ201系運転開始（同車体傾斜システムの初実用化）

4月1日 消費税率引き上げ（3%→5%）で運賃・料金改定

4月3日 山梨リニア実験線で走行試験開始

初のオール２階建て新幹線E1系「Max」。Maxという車両愛称はMulti Amenity Expressを略したもの

8月2日　熊本市交通局が超低床式9700形運転開始（日本初の超低床式）

10月1日　北陸新幹線（当初は長野新幹線とも）の高崎〜長野間開業（E2系「あさま」）

新幹線開業にともない信越本線横川〜軽井沢間廃止、軽井沢〜篠ノ井間はしなの鉄道に移管

10月8日　JR東海の株式を上場

12月24日　山梨リニア実験線で設計最高速度の時速550キロを達成

1998（平成10）年

2月7日　〈長野オリンピック開催〉

7月10日　電車寝台特急「サンライズ瀬戸・出雲」運転開始（285系）

12月8日　特急「はくたか」がほくほく線で時速150キロ運転開始

1999（平成11）年

4月14日　山梨リニア実験線の有人走行で時速552キロを記録

7月16日　寝台特急「カシオペア」運転開始

12月4日　山形新幹線の山形〜新庄間開業（E3系「つばさ」運転開始）

2000（平成12）年

10月14日　首都圏共通カードシステム「パスネット」サービス開始（2008年3月14日サービス終了）

12月12日　都営大江戸線全通

2001（平成13）年

1月6日　国土交通省設置（運輸省、建設省、国土庁、北海道開発庁を統合）

3月27日　京王電鉄が深夜帯一部列車に女性専用車を導入（これを契機として各地で女性専用車の導入が進む）

9月1日　〈米国で同時多発テロ〉

11月18日　JR東日本のICカード乗車券「Suica」サービス開始

12月1日　JR東日本の湘南新宿ライン運転開始

2002（平成14）年

3月23日　特急「はくたか」がほくほく線で時速160キロ運転開始

5月31日　日韓ワールドカップ・サッカー大会開催（深夜の新幹線輸送なども実施）

12月1日　東北新幹線の盛岡〜八戸間開業（E2系「はやて」）

新幹線開業にともない東北本線盛岡～八戸間はIGRいわて銀河鉄道および青い森鉄道に移管
東京臨海高速鉄道りんかい線の新木場～大崎間全通、埼京線との直通運転開始
12月18日 「東京地下鉄株式会社法」公布

2003(平成15)年
8月10日 沖縄都市モノレール開業(沖縄に約60年ぶりに軌道系交通機関復活)
10月1日 鉄道建設・運輸施設整備支援機構(元・日本鉄道建設公団)発足
11月1日 JR西日本のICカード乗車券「ICOCA」サービス開始
12月2日 山梨リニア実験線の有人走行で時速581キロを記録(世界記録更新)

2004(平成16)年
1月18日 JR北海道が道路と線路の双方を走行できる「デュアル・モード・ビークル」(DMV)の試作車発表
3月13日 九州新幹線の新八代～鹿児島中央間開業(800系「つばめ」)
新幹線開業にともない鹿児島本線八代～川内間は肥薩おれんじ鉄道に移管
JR貨物の特急コンテナM250系電車「スーパーレールカーゴ」運転開始
4月1日 東京地下鉄(東京メトロ)発足(営団地下鉄を引き継ぐ)
8月1日 阪急電鉄や京阪電気鉄道などのICカード乗車券「PiTaPa」サービス開始
10月23日 〈新潟県中越地震〉

2005(平成17)年
1月29日 中部国際空港へのアクセス鉄道として名古屋鉄道の常滑～中部国際空港間開業
3月6日 愛知高速交通東部丘陵線(磁気浮上式リニアモーターカー)開業
4月25日 JR西日本福知山線で列車脱線事故発生
5月6日 「都市鉄道等利便増進法」公布
8月24日 首都圏新都市鉄道つくばエクスプレス(TX)秋葉原～つくば間開業

2006(平成18)年
3月18日 東武鉄道とJR東日本が特急列車の直通運転開始(「きぬがわ」「スペーシアきぬがわ」など)
4月29日 富山ライトレール開業(日本初の本格LRT。JR富山港線の転換)

2003年、リニア実験線の有人走行で時速581キロを記録。世界記録を更新した

	6月21日	「高齢者、障害者等の移動等の円滑化の促進に関する法律」公布
	11月25日	JR東海のICカード乗車券「TOICA」サービス開始
2007（平成19）年	3月18日	首都圏共通ICカード乗車券「PASMO」サービスを開始（同時に「Suica」との相互利用開始）
	7月31日	世界初の営業用ハイブリット車（JR東日本キハE200形）が小海線で運転開始
2008（平成20）年	6月14日	東京メトロ副都心線の池袋～渋谷間開業、東武東上線・西武池袋線との相互直通運転開始
	10月25日	JR北海道のICカード乗車券「Kitaca」サービス開始
2009（平成21）年	3月1日	JR九州のICカード乗車券「SUGOCA」サービス開始
2010（平成22）年	7月17日	成田高速鉄道アクセス線が開業、京成AE100形「スカイライナー」が時速160キロ運転開始
	12月4日	東北新幹線が八戸～新青森間開業で全通（E2系「はやて」） 新幹線開業にともない東北本線八戸～青森間は青い森鉄道に移管
2011（平成23）年	3月5日	東北新幹線でE5系「はやぶさ」運転開始、時速300キロ運転
	3月11日	〈東日本大震災〉
	3月12日	九州新幹線の博多～新八代間開業。山陽新幹線との直通運転も開始（N700系「みずほ」など）
	7月11日	JR貨物のハイブリッド機関車（HD300形）運転開始
2012（平成24）年	10月1日	東京駅丸の内駅舎保存復原完成
2013（平成25）年	3月16日	東北新幹線でE5系「はやぶさ」が時速320キロ運転開始
	3月23日	「Suica」などの交通系ICカード全国相互利用サービス開始
	10月15日	JR九州の「ななつ星in九州」運転開始
2014（平成26）年	3月15日	JR東日本の蓄電池駆動電車EV-E301系「ACCUM」運転開始（JR初）
2015（平成27）年	3月13日	当日発の列車で寝台特急「北斗星」の定期運行終了（いわゆるブルートレインの終焉）
	3月14日	北陸新幹線の長野～金沢間開業（E7系・W7系「かがやき」など）

新幹線開業にともない信越本線長野～直江津間、北陸本線は直江津～金沢間はえちごトキめき鉄道などに移管
東海道新幹線でN700Aが時速285キロ運転開始
JR東日本の上野東京ライン開業、常磐特急「ひたち」「ときわ」など首都圏の運行形態が大きく変わる

2016(平成28)年　3月26日　北海道新幹線の新青森～新函館北斗間開業(E5系・H5系「はやぶさ」など)
新幹線開業にともない江差線五稜郭～木古内間は道南いさりび鉄道に移管

2017(平成29)年　5月1日　JR東日本の「TRAIN SUITE 四季島」運転開始
6月17日　JR西日本の「TWILIGHT EXPRESS 瑞風」運転開始
7月21日　観光列車「THE ROYAL EXPRESS」(横浜～伊豆急下田間)運転開始

2020(令和2)年　3月14日　特急「サフィール踊り子」(E261系)運転開始
4月7日　〈新型コロナウィルス感染症拡大による最初の非常事態宣言発令〉

2021(令和3)年　7月23日　〈東京2020オリンピック開催。新型コロナウィルス感染症拡大で開催が1年繰り下がった〉
12月25日　阿佐海岸鉄道でデュアル・モード・ビークル(DMV93形)運転開始

2022(令和4)年　9月23日　西九州新幹線の武雄温泉～長崎間開業(N700S「かもめ」)
10月14日　日本の鉄道150周年

2021年12月25日から、世界初となるDMVでの本格営業運行を開始した阿佐海岸鉄道

第2章

鉄道史に輝く列車たち

150年間走り続けてきた列車の中から
一時代を駆け抜けた記憶に残る列車を
クローズアップし、振り返る。

150年前に走った1号機関車を展示

「鉄道博物館」で名車両に出合う！

日本の鉄道創業期に走った1号機関車。
以後の記憶に残る名だたる名車両たちが一堂に会している、
日本の鉄道150年の温故知新を体験したくば、「鉄道博物館」がいちばん！

取材・文／南 正時　撮影／米屋こうじ　協力／鉄道博物館

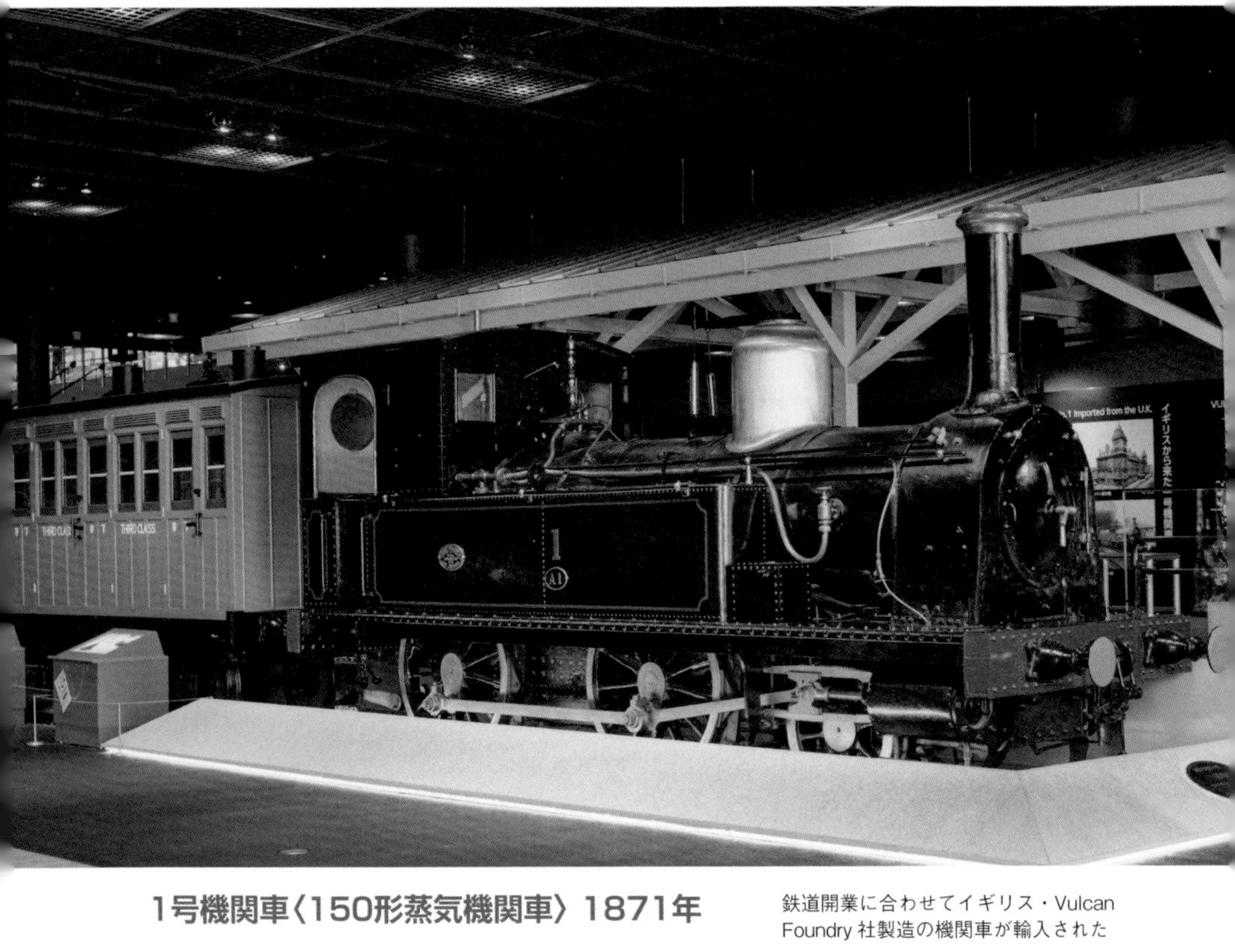

1号機関車〈150形蒸気機関車〉1871年

鉄道開業に合わせてイギリス・Vulcan Foundry 社製造の機関車が輸入された

Profile
南 正時
(みなみ・まさとき)

1946年福井県生まれ。鉄道写真家。アニメ制作会社勤務時に知り合ったアニメーター大塚康生氏の影響を受け蒸気機関車の撮影に魅了され、以後50年以上に渡り鉄道を撮り続ける。1971年に鉄道写真家として独立、以後新聞、鉄道雑誌、旅行雑誌にて撮影、執筆で活躍。勁文社の鉄道大百科シリーズをはじめとして著書は50冊以上を数える。鉄道のほか湧水、映画「男はつらいよ」がライフワーク。

新橋停車場

当時の駅名標も復元されている、開業時をイメージした「志んばし」駅(再現)からスタート。ご案内は奥原哲志学芸員

創業期の客車(レプリカ)

1号機関車の後ろには創業期の木造2軸客車が再現され連結されている。新橋停車場のホームとともに往時を感じられる

「鉄道博物館」で触れる日本の鉄道車両150年史

日本一の鉄道展示を誇る「鉄道博物館」である。150年前に新橋~横浜間を走った1号機関車から、明治、大正、昭和、平成にかけての150年間を走った歴史的車両の実物が見られるわけだから、鉄道150年の歴史を知りたくばゆっくり時間をかけて、ここで日本の鉄道史に触れてみることだ。

私も館内の歴史的車両を見て回ることにした。取材に際してご案内して下さったのは「ブラタモリ」でもおなじみの奥原哲志学芸員。奥原さんの軽妙で的確な解説とともに150年にわたる歴代の名車たちに触れてみた。

鉄道草創期の名車両

弁慶号〈7100形蒸気機関車〉1880年

北海道初の鉄道、幌内鉄道に使われたアメリカ製機関車でカウキャッチャーとダイヤモンドスタック（煙突）を付けたアメリカンスタイルだ

善光号〈1290形蒸気機関車〉1881年

日本初の民間鉄道・日本鉄道の建設工事用に英国から輸入。「鉄道博物館」のある埼玉県内を初めて走行した蒸気機関車。インサイドシリンダー、サドルタンクなどの装備をもつ

木造客車 大正時代

台車など走り装置以外は木造で、車内の「鎧（よろい）窓」が大正時代の鉄道の旅を彷彿する（展示はレプリカ）

流転の鉄路を歩んだ1号機関車

まずエントランスホールから右手の「車両ステーション」に入ったところにある1号機関車に注目してみよう。再現された150年前の新橋駅ホームにレプリカながら2軸の木造客車を従えて停車している姿は威風堂々、日本の機関車第1号の雰囲気を醸し出している。その風貌は国指定重要文化財に相応しいもので、1号機関車のホーム側の側面を見ると「惜別感無量　昭和5年6月為記念　島鐵社長　植木元太郎識」と書かれたプレートが添付してある。これは島原鉄道開業時在籍していた同車が保存のため鉄道省（国鉄）へ返還されることになり別れを惜しみ植木社長が書したものだ。

実はこの1号は性能が安定せ

鉄道発展期の名車両

オハ31形客車 1927年

国鉄の客車鋼製化第1号として製造された17m客車。屋根・内装などは木製のままで“半鋼製車”とも呼ばれた。

キハ41300形気動車 1934年

国鉄で初めて量産された気動車のグループ。展示のキハ41307は1958（昭和33）年に国鉄で廃車となり、その後、遠州鉄道や筑波鉄道などの地方私鉄で活躍した

クモハ40形電車 1936年

鉄道省電車の運転区間で運用された20m、3扉車体で通勤用に使用され、戦後も1980年代まで青梅線や鶴見線などを走った

通勤電車らしく、車内混雑時用に設置されたつり革も当時のままに残されている

鉄道隆盛期の名車両

EF58形電気機関車　1956年

戦後の電車区間延伸によって誕生した旅客用電気機関車。特急「つばめ」「はと」「あさかぜ」など優等列車を牽いた

ず新橋での稼働率はよくなかったといわれる。8年後の1880（明治13）年には神戸に転属。その時に大改造を受け、後に半田線（武豊線）、横須賀線（大船～横須賀）を経て、鉄道院時代は大阪駅の入換に従事していたが、1911（明治44）年には島原鉄道の開業とともに九州に渡り、島鉄の創業機関車として大切に扱われたという。

蒸気機関車には「人生」を重ね合わせたような数奇な運命があると思っているが、この1号機関車もまた流転の人生を歩んだことになる。そして島原鉄道が1号機を特別大切に扱ってきたため現在、国指定の重要文化財、日本の宝として、ここ「鉄道博物館」にあるのだ。博物館で展示してある鉄道車両はそれぞれに歴史を持ち「人格」を持っている。

日本の鉄道を支え走った名だたる名車両に出合う

「鉄道博物館」には鉄道創世記の貴重な車両が多い。本館1階の「車両ステーションROLLING STOCK STATION」には1号機関車から在来線急行・特急列車、新幹線まで36両の車両が展示されていて、鉄道150年に合わせて1号機関車から年代別にフロアの車両を巡り歩くと鉄道の歴史を瞬時のうちに垣間見ることができる。

1号機関車からすぐ近くには、1880（明治13）年に北海道の鉄道開業に合わせてアメリカから輸入した「弁慶号」がアメリカンロコの特徴ある姿で展示されている。その間隙を縫って「善光号」機関車が展示してある。こちらは1881（明治14）年に発足した民間資本の日本鉄道

ナハネフ22形客車〈20系客車〉1964年

特急「あさかぜ」用に作られた寝台特急用客車。固定編成で冷暖房を完備し、当時としては豪華な設備で“走るホテル”と呼ばれた。

20系客車などを使用する寝台特急列車は、“ブルートレイン”とも呼ばれるようになった

クハ181形電車〈181系特急電車〉1965年

1958（昭和33）年に東京〜大阪・神戸間の「こだま」に使用された、国鉄初の特急用電車151系の改良型。パワーアップし、上越線「とき」、信越本線「あさま」、中央本線「あずさ」などで活躍

独特のボンネット形は、のちの485系に受け継がれた

の機関車で、イギリス製のサドルタンクといわれる機関車だ。さらに最初の御料車「１号御料車（初代）」を優雅な姿で見ることができる。お召装飾を模した日章旗を取り付けたＣ51形５号機を先頭にした姿で、まるで美術品のように展示されている。

昭和に入るとＥＦ55形電気機関車、ＥＦ58形電気機関車など今も人気が高い機関車や、客車の近代化といえる20系客車、こだま形特急電車などを時系列に見ることができる。東海道新幹線開業の０系新幹線電車は日本の鉄道技術が世界一になった証。まるで鉄道の時空を超えた旅を実体験しているようであった。

21形新幹線電車〈0系新幹線電車〉1964年

1964（昭和 39）年 10 月の東海道新幹線開業時に投入された 0 系新幹線電車。当時営業最高時速 210km は世界一の超特急で、海外からは BulletTrain（弾丸列車）と称賛された

左／展示フロアは東海道新幹線開業時の東京駅ホームが再現されている。車内は見学可能だ　下左／だんご鼻とも呼ばれた独特の先頭形状　下右／座席のひじ掛けにはテーブルが収納されていた

鉄道博物館

住 埼玉県さいたま市大宮区大成町3-47
料 入館料（当日料金）　大人1330円、小中高生620円、幼児310円
※入館券は事前購入制（枚数限定）、セブンイレブン・ローソン・ミニストップで発売
時 10:00〜17:00※最終入館16:30
休 火曜、年末年始

一大ブームとなった客車寝台特急!

ブルートレインの栄枯盛衰

斬新な青い車体、個性的な寝台の数々とともに発展し、世の中に一大ブームをも巻き起こし、そして終焉を迎えたブルートレインの歴史を振り返る。

文／木村嘉男　トレインマークイラスト／松原一己

寝台特急のはじまりとなった20系客車の「あさかぜ」。当時としては斬新なブルーの車体と白いラインなどのデザインから、車内設備までがデビュー当初から話題となった

寝台特急「あさかぜ」にブルトレの歴史始まる

東海道本線の全線電化が完成した1956（昭和31）年11月のダイヤ改正で東京〜博多間に直通寝台特急「あさかぜ」がデビューした。こちらの車両は一般形の寄せ集めではあったものの、それまでの九州急行と比べておよそ4時間のスピードアップを実現し、たちまち人気列車となった。1958（昭和33）年10月にダイヤ改正が実施され、寝台特急「あさかぜ」用に新たな車両20系が登場したことが大きな話題となった。それまでの客車の概念を打ち破り、列車単位の固定編成、流麗なスタイル、冷暖房完備、ブルーと白帯による塗装など、斬新な姿で人々の前に現れた。これがブルートレインのはじまりだった。

また、寝台のグレードも2等寝台（現・B寝台）のほかに、のちのA寝台の基本形となった1等B室（開放室・プルマン）、1等A室（2人用および1人用個室）、さらに1等と2等の座席車や食堂車も用意された。さまざまな需要に応え、その豪華な設備から「動くホテル」とも呼ばれた。1959（昭和34）年7月には「さくら」、続いて翌60年7月からは「はやぶさ」も20系に置き換えられ、東京発の九州特急はすべて20系でそろった。

1964（昭和39）年10月、東海道新幹線・東京〜新大阪間が開業し、並行する東海道本線では昼間の特急は全廃、急行も昼行・夜行ともに一部が廃止された。しかし九州特急は廃止どころか人気に応えて1往復が増発された。その1往復は東京〜

ブルートレイン史上、最長となった日豊本線経由で東京～西鹿児島間を結んだ「富士」。EF81形400番代の牽引で日豊本線大神～杵築間を走る
撮影／荒川好夫（RGG）

大分間の運転となり、日豊本線初の寝台特急となった。愛称名は「富士」。またこの改正で東北本線にも初のブルートレインが誕生し、上野～青森間の「はくつる」となった。

新型ブルトレ客車 14系、そして24系登場

動くホテルの20系も製造後10年以上が経過し、毎日の走行距離との関係もあり老朽化が目に見えてきた。さらに52㎝幅の寝台はあまりにも狭く、改善が要望されるようになった。そのようななか、客車自体に電源を持ち、寝台幅はB寝台で70㎝、さらに寝台のセット・解体を省力化したブルートレイン第2世代の14系客車が製造された。14系は１９７２（昭和47）年３月改正から東京発着の「さくら」「みずほ」「あさかぜ３・２号」に投入された。しかし同年11月、北陸トンネル内で急行「きたぐに」の火災事故が発生し、火災発生危険性への懸念から14系の分散電源方式が問題視されるようになった。そこで寝台車は元の集中電源方式に戻すことになり、14系を集中電源方式仕様にした24系が新たに誕生した。

24系は１９７３（昭和48）年10月改正から「あかつき」「彗星」の増発、20系からの置き換えに充当され、捻出された14系によってさらに「あかつき」「彗星」が増発され、このほか捻出された20系によって上野～秋田間の「あけぼの」も増発されている。

続く１９７４（昭和49）年４月のダイヤ改正では2段式24系25形が新製され、新大阪～熊本間の「あかつき」増発および新大阪～長崎間の「あかつき」と新大阪～大分間の「彗星」の置き換えに使用された。この時点で、「あかつき」は20系1往復、14系3往復、24系1往復、24系25形2往復、「彗星」は14系1往復、24系3往復、24系25形1往復となり、関西～九州間のブ

青函トンネルを走り抜け、上野～札幌を結んだ「北斗星」。函館～札幌間は青い車体に流星が描かれた北斗星色をまとった、重連のDD51形ディーゼル機関車に牽引された

ルートレインは本数と車種のバラエティーの面で、もっとも充実した陣容となったのであった。寝台は2段式となり3段式に比べれば当然1両あたりの定員が減少し、営業上不利になる部分もあるが、増発による輸送力確保、当時のサービス向上機運、それに夜行旅客が全体的にやや減少傾向に向き始めていたこともあり実現したものである。14系、24系の登場による寝台環境の改善、そして1979（昭和54）年から導入されたトレインマークにより、ブルートレインは一大ブームを巻き起こした。

個室寝台の導入と「北斗星」の登場

1984（昭和59）年の改正前後、東海道ブルートレインの体質改善が図られ、14系の「さくら」「みずほ」「出雲（1往復）」のB寝台の2段化改造が進められ、9月に完了した。さらに14系の「さくら」「みずほ」には新たな4人用個室〝カルテット〟の連結が7月から開始された。

東北新幹線・上野開業によるダイヤ改正が1985（昭和60）年3月に実施された。この改正で、ブルートレインは全列車・全区間での牽引機にヘッドマーク取り付けが実施され、ファンを喜ばせた。また「はやぶさ」にロビーカー1両が連結されるようになり、牽引定数と運用の関係から東京～下関間はEF65形からEF66形に変更となり、この面でもファンを熱狂させた。

1987（昭和62）年に国鉄は分割民営化された。この翌年1988（昭和63）年3月、新生JRグループ初のダイヤ改正が実施された。この改正は青函トンネルの開通と瀬戸大橋の開通（こちらは4月）による輸送体系の変化に応えたものであった。

この改正のトピックは何といっても北海道直通、上野～札幌間に運転開始した「北斗星」である。「北斗星」は3往復が設定され、特徴ある個室寝台車をデビューさせた。またシャワーやロビーカー、予約制の食堂車など、今までにない斬新な施策が行われ、青函トンネルブームとともに「北斗星」は空前の人気を集めた。当時、列車削減の方向にばかり向かっていたブルートレインにとっては久しぶりに明るい話題となり、他のブルートレインにも個室寝台の充実化など、その影響が及んだ。

だが飛行機の低価格化、新幹線輸送の発達の波にブルートレインは対抗することができず、

ブルートレイン ヘッドマーク図鑑

利用客の減少がおさまることはなかった。1991（平成3）年から「みずほ」「出雲1・4号」・「さくら」「はやぶさ」「富士」「あさかぜ1・4号」の食堂車が続々と営業休止となった。これでいよいよ東京発着のブルートレインも斜陽化がとどまらなくなった。

1999（平成11）年12月改正では、「さくら」「はやぶさ」が東京～鳥栖間併結となり、実質1往復の廃止と佐世保行きの廃止が行われた。そして2005（平成17）年3月には東京～下関間の「あさかぜ」、東京～長崎間の「さくら」が廃止。残った「富士」「はやぶさ」は併結となった。2009（平成21）年3月、ついに東京発着で最後まで残っていたブルートレイン「はやぶさ」「富士」が廃止となり、東京駅からブルートレインの姿は消えてしまった。1958年以来、毎日見られていた風景が終わりを告げたのであった。

2010（平成22）年3月には「北陸」が廃止、さらに2012（平成24）年3月には「日本海」が臨時列車化したが実質的には廃止で、翌年には正式に廃止された。2014（平成26）年3月には「あけぼの」が廃止された。そして2015（平成27）年3月、ついに「北斗星」も定期運行を終了し、同年8月まで臨時運行を行ったが、終了とともに廃止となった。

ブルートレインの停車駅は「特急列車」そのものであり、かつての急行列車並みに停車駅の多い最近の特急列車とは違う「風格」があった。このような列車群が消えたのは寂しい限りである。

ブルートレイン歴史年表

1958年に20系客車が登場して以来、半世紀以上にわたり
日本の夜を駆け抜けてきた「ブルートレイン」。青い車体の20系・14系・24系を
使用した寝台特急の栄枯盛衰を歴史年表にまとめてみた。

ブルートレイン年表 1958～2015

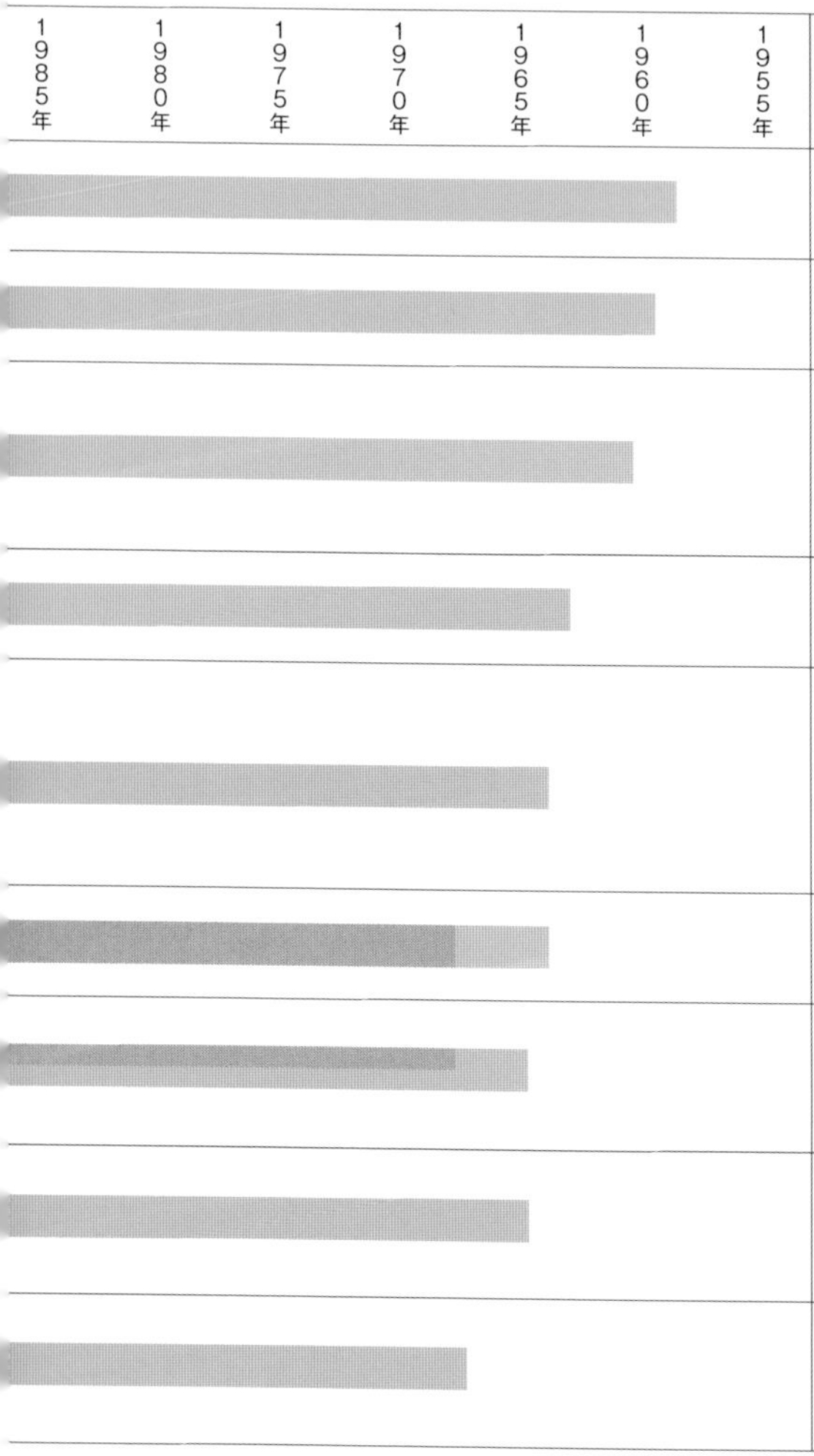

ブルートレイン化時の運転区間	列車名
東京～博多	あさかぜ
東京～長崎	さくら
東京～西鹿児島	はやぶさ
東京～熊本・大分	みずほ
東京～大分	富士
上野～青森	はくつる
上野～青森	ゆうづる
新大阪～西鹿児島・長崎	あかつき
大阪～青森	日本海

上野～青森間を結ぶ最後のブルートレインとして活躍した「あけぼの」

備考	ブルートレイン廃止時の運転区間	2015年	2010年	2005年	2000年	1995年	1990年
設定は1956年11月、1958年10月に20系化。	東京～下関						
1965年～1999年まで佐世保行きも連結。	東京～長崎						
設定は1958年10月、1960年7月に20系化。1999年～2005年まで「さくら」と併結。2005年～2009年まで「富士」と併結。	東京～熊本						
設定は1961年10月、1963年6月20系化。臨時化後1996年12月廃止。	東京～熊本・長崎						
1965年～1980年まで東京～西鹿児島間（日豊本線経由）で運転。当時の日本最長距離旅客列車だった。2005年～2009年まで「はやぶさ」と併結。	東京～大分						
東北本線経由で運転。1968年10月1日～1994年12月まで583系で運転。	上野～青森						
常磐線経由で運転。583系のみ残り、1993年12月臨時化。1994年12月廃止。	上野～青森						
2000年～2005年まで「彗星」と併結、2005年から2008年まで「なは」と併結。	京都～長崎						
1988年～2006年まで函館乗り入れ列車あり。臨時化後、2013年1月廃止。	大阪～青森						

ブルートレイン化時の運転区間	列車名
新大阪～熊本	明星
大阪～新潟	つるぎ
新大阪～宮崎	彗星
上野～秋田	あけぼの
東京～宇野	瀬戸
東京～浜田	出雲
上野～金沢	北陸
上野～盛岡	北星
新大阪～下関	安芸
東京～米子	いなば
東京～紀伊勝浦	紀伊
上野～秋田	出羽
新大阪～西鹿児島	なは
上野～札幌	北斗星
上野～札幌	エルム
上野～青森	鳥海

EF65形が牽引する「瀬戸」。4号車にはパンタグラフ付きのラウンジカー・スハ25形が連結されていた

東北本線を走る「北斗星」。最後のブルートレインとして2015年まで活躍した

備考	ブルートレイン廃止時の運転区間	2015年	2010年	2005年	2000年	1995年	1990年
「なは」に吸収統合。	新大阪～西鹿児島						
臨時化後、1996年12月廃止。	大阪～新潟						
2000年～2005年まで「あかつき」と併結。	京都～南宮崎						
1970年10月定期化。臨時化後、2015年1月廃止。	上野～青森						
1998年から「サンライズ瀬戸」(東京～高松間)に変更。	東京～高松						
1998年に1往復が「サンライズ出雲」(東京～出雲市間)に変更。ブルートレインは2006年3月に廃止。	東京～出雲市						
	上野～金沢						
	上野～盛岡						
	新大阪～下関						
「出雲」2・3号に変更。「紀伊」と併結。	東京～米子						
1975年～1978年まで「いなば」と、1978年～1984年まで「出雲」2・3号と併結。	東京～紀伊勝浦						
「鳥海」に吸収統合。	上野～秋田						
1975年3月10日～1984年1月31日まで583系寝台特急。2005年から2008年まで「あかつき」と併結。	京都～熊本						
臨時化後、2015年8月廃止。	上野～札幌						
「北斗星」補完の臨時列車。	上野～札幌						
「あけぼの」に改名・統合。	上野～青森						

※西鹿児島は現・鹿児島中央。

※　の期間は20系・14系・24系客車を使用していた期間。　の期間は電車寝台車両を使用していた期間。

※破線部分は臨時列車として運転。

時速210km→320kmへスピードアップ

高速化し続ける新幹線

日本が世界に誇る高速列車、新幹線。
1964年のデビュー以後、高速車両を開発し続けてきた。
現在時速320㎞運転を叶えた高速化の歴史について紐解く。

文／植村 誠

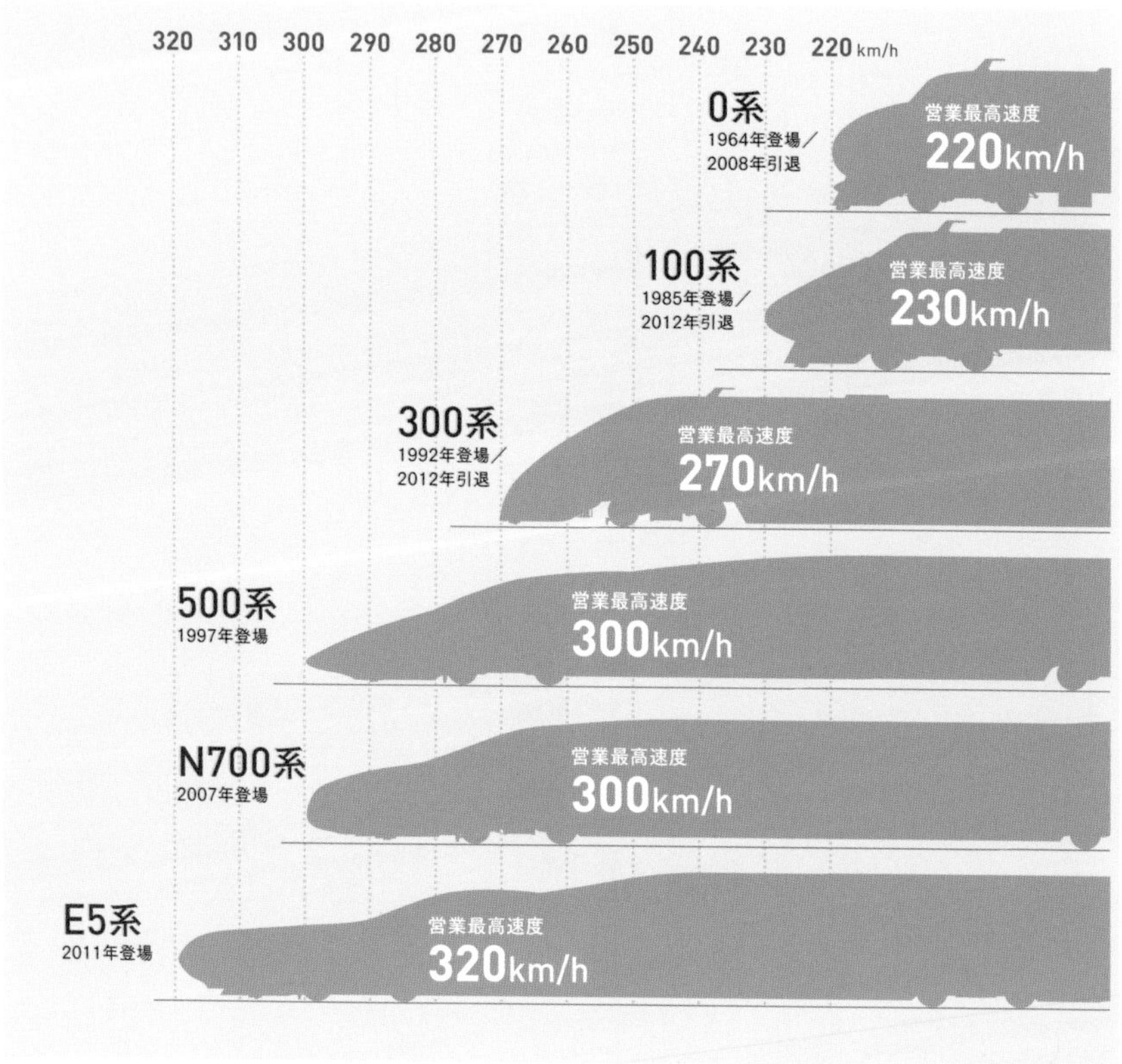

歴代新幹線車両図鑑　東海道・山陽新幹線

0系

初の新幹線車両。全車両を電動車として車両重量の平均化を保ちつつ、編成全体で出力を確保することで当初は未知の時速210㎞に挑戦した。晩年は山陽新幹線のこだまとして走り、2008年に引退

100系

国鉄初の2階建て車両が2両設定され、1両は2階が食堂車で1階が厨房と売店、もう1両は2階がグリーン車、1階が個室グリーン車だった。2012年に引退

時速200㎞に始まり今は最高時速320㎞で走る

新幹線開業を後押ししたのは線路容量の逼迫《ひっぱく》であった。戦後の復興や暮らしの復旧が進むにつれて経済が急速に発展し、とりわけ首都圏と関西とを結ぶ東海道本線の逼迫ぶりは顕著だった。１９５７（昭和32）年8月、閣議決定により日本国有鉄道幹線調査会が設立。時速２００㎞の高速列車を標準軌新線で走らせるという計画が採用され、建設に向けて前進することとなった。

また１９５７年6月に国鉄の鉄道技術研究所（現・鉄道総合技術研究所）の支援を得て開発された小田急電鉄の３０００形ＳＥが誕生。低重心の流線形車体や連接構造などの革新的な設計を採り入れ、同年9月に国鉄に貸し出されて東海道本線函

300系

時速270㎞運転の「のぞみ」として1990年にデビュー。軽量化や低重心化、空気抵抗の少ない先頭形状で高速化を実現。2012年に引退

500系

JR西日本が時速350㎞運転をめざして開発し、日本で初めて時速300㎞での運転を実現した車両。騒音や振動をおさえるため、先頭部はまるで戦闘機のような鋭いロングノーズに

南～沼津間で行われた走行試験では、狭軌で世界新記録となる時速１４５㎞をマークし、高速運転実現への弾みとなった。翌58年には１５１系が登場し、１９５９（昭和34）年7月には試験運転で時速１６３㎞を記録するなど、新幹線計画への電車方式の導入が具体化されていった。

デビュー時の営業最高速度は時速２００㎞。路盤が落ち着くのを目的に速度を抑えて運行した最初の1年間を経たのち、本来の最高営業速度である時速２１０㎞運転となったが、それまでの在来線の最高速度時速１１０㎞から一気に倍に近い速度を実現したことは世界的に見ても画期的な出来事であった。

しかし、その後の高速化は足踏みが続いた。東海道新幹線開業から数えて21年目の１９８５

N700系

初めて「車体傾斜システム」を新幹線で採用し、カーブの多い東海道新幹線でのスピードアップを実現。先頭部はエアロ・ダブルウイング形

700系

車内のスペースを広くして、快適性を重視。トンネル微気圧波を解決するため、先頭部はカモノハシのような平たい独特なエアロストリーム形状を採用した

N700S

N700に最高を意味するSupremeの「S」を付けた。先頭部はデュアル・スプリーム・ウィング形でN700系よりも空気抵抗を軽減した

（昭和60）年3月に東北新幹線で時速２４０km運転がスタート。東海道・山陽新幹線では、１００系量産車が投入された翌86年11月ダイヤ改正で、０系の能力いっぱいの時速２２０km運転に最高速度が引き上げられた。

　そんななか、１９９２（平成4）年にデビューしたのが３００系であった。最高時速２７０km。新たに「のぞみ」と命名された列車は東京〜新大阪間を2時間30分で結び、0系「ひかり」時代から40分もの時間短縮を実現したのである。「のぞみ」は好評を背景に勢力を拡大、１９９７（平成9）年に投入された５００系では山陽区間限定ながら時速３００km運転を行うこととなった。

　東海道区間では線形がネックとなり、次世代の７００系でも最高速度が時速２７０kmにとどまっていたが、改良形のＮ７００系による時速２８５km運転が２０１５（平成27）年にスタート。山陽区間では時速３３０km運転も視野に入れられている。

　一方の東北・上越新幹線も、１９８２（昭和57）年の開業時は最高時速２１０kmでのスタートだった。しかし１９８５（昭和60）年の上野〜大宮間開業を機に時速２４０km運転を開始。１９９０（平成2）年には上越新幹線の一部「あさひ」で、大清水トンネル内下り線の下り勾配を利用して時速２７５km運転が実現した。これは５００系登場まで日本最高速度であった。

　実質的な速度向上が果たされたのは１９９７年に投入されたＥ2系とＥ3系で、「やまびこ・こまち」が時速２７５km運転となった。その後、２０１１（平成23）年にデビューしたＥ５系

N700系 7000・8000番台　N700系をベースに、九州新幹線運行用に8両編成に変更。九州新幹線では急坂があるので、全車両を電動車にしてパワーアップしている

800系　2004年の九州新幹線開業とともに登場。先頭部はなだらかな流線形で、車内は木材を多く使った和風のデザインが特徴的。全車両が電動車になっている

N700S「かもめ」　西九州新幹線を走る車両として専用のN 700 Sを導入。6両編成で、外観は水戸岡鋭治氏デザインの白いボディに、車体下部に塗られたJR九州のコーポレートカラーである赤が印象的だ

によって時速３００km運転を実施。２０１３（平成25）年には時速３２０km運転となり、並行して開発されたE6系とともに日本最高速の座をつかんでいる。

盛岡以北など整備新幹線区間の最高速度は「全国新幹線鉄道整備法」で時速２６０kmと定められ、時速３２０kmで走る性能の車両でも、速度の向上ができない。そこで盛岡〜新青森間の最高速度時速３２０kmへの引き上げや、北海道新幹線における時速３６０km運転などが計画され、試験車両E９５６形「ALFA―X」による高速試験に着手している。

歴代新幹線車両図鑑 東北・北海道・秋田・山形・上越・北陸新幹線

200系

東北・上越新幹線開業のために導入。豪雪対策のために取り付けられた先頭部の大きなスノープラウが特徴的。2013年に引退

E1系

初のオール2階建て新幹線車両。Multi Amenity Expressから「Max」の愛称で親しまれた。2012年に引退

400系

新在直通運転する山形新幹線のために開発された初のミニ新幹線用車両。2010年に引退

E3系

ミニ新幹線での秋田新幹線開業に合わせて1997年にデビュー。その後山形新幹線にも導入された

E2系

200系の置き換えとして投入された。新幹線で初めて「フルアクティブサスペンション」を採用した

E5・5系

日本最速時速320kmで運転するためノーズの長さは15mと長くなった。最上級の客室「グランクラス」を初めて導入

E4系

二代目オール2階建て車両。16両編成の定員1634人は高速鉄道としては世界最大。2021年引退

E7・W7系

北陸新幹線金沢延伸に向け2014年に登場。交流50Hzと60Hzの周波数の異なる地域を走るため、周波数変換装置を装備

E6系

E5系と連結し時速320km運行が可能な秋田新幹線用のミニ新幹線。E5系には及ばないが約13mのノーズをもつ

すれ違う列車の迫力も楽しめる

景色を楽しむ車両
展望車と前面展望車の系譜

車窓から流れる景色を見ることは、鉄道旅行の楽しみのひとつである。究極は展望車だろう。そこで最後尾に連結された展望車、前面展望が楽しめるパノラマ展望車の歴史を振り返る。

文／平賀尉哲

国鉄東京南鉄道管理局に配置された14系「サロンエクスプレス東京」。前面を斜めにカットしたスタイルも斬新

1等乗客だけが利用できた明治、大正期の展望車

日本の展望車の走りは、1908（明治41）年に九州鉄道が米国に発注した木造車のブリル客車だとされている。九州鉄道が国有化後に納入されたことから正式な形式名がなく、鉄道ファンからは「或る列車」と呼ばれていた。国鉄が継承したブリル客車のうち、最後尾に連結されるブトク1形の車端部に開放式の展望デッキが設けられた。

国鉄の展望車は1912（明治45）年に新橋～下関間への特別急行列車1・2列車（のちの「富士」）に連結されたオテン28070形が最初だ。1923（大正12）年には車体断面を大きくしたオイテ28070形（のちのオイ

最後尾に開放型の１等展望車が連結された特別急行。客室は大きな椅子が並ぶ豪華な仕様である　写真 /RGG

国鉄大阪鉄道管理局配置の14系「サロンカーなにわ」。戦前の１等展望車を彷彿させる展望車を組み込んでいた

テ27000形）が登場した。

以上は木造車で、1930（昭和5）年に洋風内装の鋼製展望車スイテ37000形（のちのスイテ38形↓マイテ39形）、「桃山式」と呼ばれた和風内装のスイテ37010形（のちのスイテ39形↓マイテ39形）が製造された。「富士」の展望車はオイテ27000形からこれらの鋼製車両に置き換えられ、木造展望車は東京～下関間急行7・8列車の一部区間で連結された。

その後、1931（昭和6）年に超特急「燕」用スイテ37020形（のちのスイテ48形）、スイテ37000形の1両を改造したスイテ37030形（のちのスイテ47形↓マイテ47形）、1938（昭和13）年に冷房装置の準備工事を施したスイテ37040

24系25形「トワイライトエクスプレス」は、大阪方1号車が展望室付きA寝台スイートとして人気が高かった

形（のちのスイテ49形→マイテ49形）、オイテ27000形の構体化改造のスイテ37050形（のちのスイテ37形→マイテ58形）が誕生した。なお、スイテ37020形〜37040形の内装はすべて洋風である。

これら戦前の展望車はすべて1等車である。現在の普通車に相当する3等車の約3倍の運賃・料金が徴収される1等車は庶民にとってまさに高嶺の花で、名士と呼ばれる人しか乗車できなかった。

太平洋戦争の敗戦により、展望車型の10号御料車を含め稼動できる優等列車用車両はGHQ（連合軍総司令部）に接収された。残った展望車3両（スイテ38形1両、スイテ39形2両）の客室を改造して、1949（昭和24）年に戦後初めて走った特急「へいわ」（のちに「つばめ」へ改称）に充当された。その後、GHQに接収された展望車も返還され、特急「つばめ」「はと」へ運用された。これらの展望車は編成の最後尾に連結することから、発着駅近くの転車台で展望車だけ方向転換させたり、デルタ線を経由して編成全体を転換する作業が行われた。

戦後、国鉄は展望車を新造せず、「つばめ」「はと」の展望車は開放型の戦前製が連結された。電車特急には展望車が設置されず、国鉄末期になってジョイフルトレインの先駆けとなった14系客車改造の「サロンエクスプレス東京」「サロンカーなにわ」に展望室が復活した。これらは編成を転換する手間を省いて両端

上右／後方に流れる景色を楽しみながら一晩を過ごせるA寝台スイート。寝台はダブルからのちにツインに変更された
上左／オールステンレス車体、2階建てのE26系「カシオペア」は、青森方12号車が展望ラウンジになっている

に展望車を設け、さらにガラス張りにして転落の危険を防止した。開放型の展望車は1987（昭和62）年に50系客車を改造した「アイランドエクスプレス四国」、翌年に50系改造の「ノスタルジックビュートレイン」、同年に12系を「SLやまぐち号」向けに改造した。

1989（平成元）年に運行を開始した24系25形改造の「トワイライトエクスプレス」は、大阪方1号車の先端部を展望を満喫できるA寝台スイートとしたことから、きっぷの入手が困難な客室として人気を博した。続いて1999（平成11）年に登場したJR東日本の「カシオペア」E26系は、戦後初めて新造された展望車を連結した。札幌方先頭車を展望室（ラウンジカー）、上野方先頭車を「トワイライトエクスプレス」にならって展望個室「カシオペアスイート」とした。

その後、展望車は豪華クルーズトレインの定番となり、「TRAIN SUITE 四季島」「TWILIGHT EXPRESS 瑞風」「ななつ星in 九州」は編成端部に展望室を有している。「瑞風」は流線形の先頭部にオープン型の開放デッキを設けているが、走行中は安全の面から編成最後尾の車両のみ開放され、往時の1等展望車の雰囲気が味わえる。7両編成の「ななつ星」は1号車のマイ77－7001が共用空間の展望室とラウンジカーに、1両に2室で構成された7号車のマイネフ77－7007は、車両端の部屋が大きな1枚ガラスの窓から去りゆく景色を堪能できるDXスイートになっている。

私鉄では大井川鐵道が西武鉄道から譲受した501系電車サハ1515を、国鉄の1等展望車を模範に改造した展望客車スイテ82形として保有している。

パノラマカーが切り拓いた前面展望車

前出の展望車は機関車牽引列車の最後尾に連結されたも

鉄道道路併用時代の犬山橋を走る名鉄 7000 系「パノラマカー」。屋根上の運転台へは車体側面のハシゴを使う

165 系を改造した「パノラマエクスプレスアルプス」。団体列車だけでなく中央本線の臨時急行にも運用された

小田急ロマンスカー 3100 形は関東初の前面展望車。「走る喫茶室」の車内販売など、サービスが充実していた

ので、電車や気動車では前面展望が取り入れられた。古いところでは、戦前の南海鉄道（現・南海電気鉄道）ク１９００号が貴賓車として設計され、豪華な内装とともに前面展望を備えた。

前面展望が一般的になるのは１９６１（昭和36）年に登場した名古屋鉄道７０００系「パノラマカー」からだ。イタリアのＥＴＲ３００形を範に、運転室を屋根上に設けて、車両最前面に客席を置いて展望を確保した。日本でこのスタイルを「パノラマ形」と称するのは「パノラマカー」に由来する。

続いて１９６３（昭和38）年に小田急がロマンスカー３１００形ＮＳＥをパノラマ形で製造した。名鉄パノラマカー、小田急ロマンスカーと

7000系の後継車種である1000系「パノラマsuper」は、豊橋方2両が特別車で、先頭がパノラマ展望席となる

伊豆急行2100系「リゾート21」は先頭車に展望席、中間車は海がよく見えるよう、海側と山側で座席配置を変えた

も好評で、両社は続けて特急形車両にパノラマ形前面展望を採用していく。国鉄では1987（昭和62）年に165系直流電車を改造した「パノラマエクスプレスアルプス」が、名鉄7000系と同じく運転台を屋根上に設ける「パノラマ形」の展望車としたのが最初だ。

しかし、「パノラマ形」は車体強度の確保や運転士の乗降、衝突対策などを施さなければならず、あまり普及しなかった。代わりに高床式（ハイデッカー）とし、運転台越しに迫り来る景色を眺める前面展望車が1980年代ごろから増えてきた。第1号は1984（昭和59）年登場の名鉄8000系「パノラマDX」で、1988（昭和63）年には7000系の後継車種である1000系「パノラマsuper」もハイデッカー型で製造された。1985（昭和60）年には伊豆急行が2100系「リゾート21」にハイデッカー型の展望車を設置したが、2100系は特急だけではなく、普通列車にも運用され、気軽に前面展望が楽しめる列車として観光路線の伊豆急の評判を高めた。

国鉄・JRでもハイデッカー型の前面展望車が多く作られ、JR北海道の「フラノエクスプレス」「トマムサホロエクスプレス」、JR東海の「リゾートライナー」など、ジョイフルトレインに多く採用された。

数自慢！カッキリ発車！で人気に

エル特急が列島中を走った

1972年〜2018年までの46年間にわたって、国鉄・JRの特急列車の象徴として走り続けたエル特急の歴史を追う。

文／木村嘉男　　トレインマークイラスト／松原一己

エル特急で走った車両図鑑

国鉄編

181系　「とき」に使用されていた晩年の181系。台枠の高さが低いので、485系のボンネット型よりも面長になっている

数自慢とカッキリ発車 1972年9列車から始まった

1960年代から各地で特急列車の新設や増発が図られてきたものの、70年代になっても特急列車はまだまだ敷居の高い存在で、1日にせいぜい1、2本、全車指定席が原則で、文字通り線区を代表する「特別急行列車」であった。

そんななか「数自慢、カッキリ発車、自由席」のキャッチコピーのもとに誕生したエル特急は、希少性の高かった従来の特急列車に対して、複数の列車全体をひとつの列車群としてとらえ、身近な存在として気軽に利用してもらえるようにダイヤや編成内容を整備したところに特徴がある。もちろんほかの特急と料金体

183・189系 地下区間での非常脱出口と併結運転を考慮して、183系0番台は前面に貫通扉が設けられたのが特徴

381系 「しなの」で運用された381系。振り子式の効果を最大限に発揮するため空調などの機器を床下に搭載。パンタグラフしかない、平滑な屋根上が特徴だ

系は変わらず、制度上の変更はない。

なお〝エル〟はとくに意味はないものの、Lovely、Liner、Limitedなど好印象を持つ語の頭文字といわれており、特急列車群に付されたいわばひとつのブランドネームなのであった。

エル特急が計画されていた当時、一定の輸送量が期待でき、高頻度・等時隔運転が実現できる線区が検討された。そのようななかで次の9種のエル特急が誕生した。「ひばり」（上野〜仙台）、「とき」（上野〜新潟）、「ひたち」（上野〜平〈現・いわき〉）、「あさま」（上野〜長野）、「わかしお」（東京〜安房鴨川）、「さざなみ」（東京〜館山・千倉）、「つばめ」（岡山〜博多・熊本）、「はと」（岡山〜下関）、「しおじ」（新

485・489系 485系の初期のタイプは、151系以来の大きなボンネットがあるタイプ。181系よりも台枠の高さが高いので、前照灯との間隔が狭かった

185系

「踊り子」のほか、上野発着の新特急でも使用された

781系

国鉄特急色の赤がトレインマークまでつながっていた

大阪〜広島・下関）の各列車である。以後ダイヤ改正ごとにエル特急は増えていき、最盛期には30種を数えるまでになり、特急列車の大衆化をリードしていくのであった。

以後、46年の歴史のなかで、運転本数、編成両数、編成内容などが充実し、朝から夜までほぼ等時隔で運転されていた、まさにエル特急中のエル特急といえば、上野〜仙台間の「ひばり」、上野〜新潟間の「とき」、大阪〜金沢・富山間の「雷鳥」などがあげられるであろう。食堂車・グリーン車を連結し、9〜13両と長大な編成の列車が短い間隔で駅を出発していく様は、エル特急黄金時代を象徴するシーンであった。

列島を走ったエル特急リスト

列車名	エル特急でのおもな運転区間
あかぎ	上野～前橋・桐生
秋田リレー	北上～秋田（北上線経由）
あさま	上野～長野・直江津
あしずり	高知～中村・宿毛
あずさ（スーパーあずさ）	新宿～松本・南小谷
あやめ	東京～鹿島神宮（成田線経由）
有明	門司港・小倉・博多～熊本・西鹿児島・水前寺
いしかり	札幌～旭川
いしづち	高松・新居浜～松山・宇和島
いなほ	新潟～酒田・秋田・青森
うずしお	岡山・高松～徳島・海部・甲浦
宇和海	松山～宇和島
踊り子	東京～伊豆急下田・修善寺
かいじ	新宿～甲府
加越	米原～金沢・富山
かもめ（ハイパーかもめ）	門司港・博多～佐賀・長崎
北近畿	新大阪・大阪～福知山・城崎
きりしま	宮崎・霧島神宮・国分～都城・西鹿児島
草津	上野～万座・鹿沢口
くろしお	天王寺～新宮・白浜
こまくさ	山形～秋田
さざなみ	東京～館山・千倉
しおかぜ	岡山・高松～今治・松山・宇和島
しおさい	東京～銚子
しおじ	新大阪～広島・下関
しなの	大阪・名古屋～長野
しまんと	高松～高知・中村
しらさぎ	名古屋～金沢・和倉温泉・富山
白根	上野～万座・鹿沢口
スーパーカムイ	札幌～旭川
すずらん	札幌～室蘭・東室蘭
たざわ	盛岡～秋田・青森（田沢湖線経由）、秋田～青森
谷川	上野～水上
つばさ	上野～秋田、福島～秋田、仙台～秋田（仙山線経由）
つばめ（国鉄）	岡山～博多・熊本・西鹿児島
つばめ（ＪＲ九州）	門司港・博多～西鹿児島
とき	上野～新潟
なすの	上野～黒磯・宇都宮
南風	岡山～高知・中村・宿毛
にちりん・ソニック	博多・小倉・門司港～大分・宮崎・宮崎空港
ハウステンボス	博多～ハウステンボス
白山	上野～金沢
はつかり	上野～青森、盛岡～青森・函館
はと	岡山～下関
ひだ	大阪・名古屋～高山・飛騨古川・富山・金沢
ひたち	上野～勝田・平（現・いわき）・原ノ町・仙台
ひばり	上野～仙台
ホワイトアロー	苫小牧・新千歳空港・札幌～旭川
みどり	小倉・博多～佐世保
水上	上野～水上
やくも	岡山～出雲市・益田
やまばと	上野～山形
やまびこ	上野～盛岡
雷鳥	大阪～金沢・和倉温泉・富山・新潟
ライラック	室蘭・苫小牧・札幌～旭川
わかしお	東京～安房鴨川

キハ80系

エル特急に運用されたのは「にちりん」のみだった

581・583系

昼夜走れる寝台電車。昼はボックス席となり「はつかり」で使用された

キハ185系

JR四国の花形車両だったキハ185系特急型気動車

キハ181系

四国など非電化のエル特急で活躍。写真は、エル特急指定前の特急「南風」

789系

785系に準じた塗色の789系1000番台。LEDのトレインマークには「スーパーカムイ」と快速「エアポート」が併記されている

785系

エル特急「スーパーカムイ」で使用されていた785系。向かって右の運転席の下に、LEDでトレインマークが表示される

E351系

651系に続き、前面に大きなLED表示器を設置したE351系。JR東日本唯一の振り子式車両で、中央本線のスピードアップを実現した

651系

JR東日本初の新型車両となった651系。白く流麗なデザインで、登場時は「タキシードボディ」とPRされた

JR化とともに役割を終え始めたエル特急

これは以前、関係者に聞いた話だがエル特急の条件を満たす3要素（数自慢、カッキリ発車、自由席）のほかに、実は食堂車連結という条件も検討されたことがあったそうである。1972（昭和47）年当時の昼行特急は食堂車を連結する列車も数多く、要件に入っていても当然のようである。だが房総特急をはじめ、食堂車なしの短距離特急が増えていくことも予想されていたため、検討の結果、食堂車連結はエル特急の条件にはならなかった。

「数自慢、カッキリ発車、自由席」というキャッチをよくよく考えると、この要件を満たしている最強の列車群は、

キハ85系

前面や側面の大きな窓が特徴のキハ 85 系。愛称名も「(ワイドビュー) ひだ」となり、エル特急に

E257系

E257 系のうち、エル特急に使用されたのは「あずさ」「かいじ」用の 0 番台のみ。写真は貫通型の先頭車

8000系

電化区間の急速な拡大と運用の見直しで、「しおかぜ」と「いしづち」はすべて 8000 系による電車特急になった

2000系

2000 系を使用する特急「南風」。制御付き自然振り子装置を、営業用気動車で世界で初めて搭載した

683系

683 系の「しらさぎ」。側窓の下には青とオレンジの帯を配する

383系

パノラマグリーン車や振り子式車両など、381 系時代の特徴を継承した 383 系。「(ワイドビュー) しなの」で使われている

885系

883系に引き続き、制御付き自然振り子装置を搭載

883系

ＪＲ九州初の振り子式車両で「ソニック」の列車愛称

787系

水戸岡鋭治氏による秀逸なデザインの車両。「つばめ」でデビュー

783系

「みどり」用にリニューアル改造された783系

実は新幹線に行きつく。元祖東海道新幹線では開業翌年には「こだま」に自由席が付き、岡山開業時からは全列車に自由席が設けられている。年々増発を続け、運転間隔もパターンダイヤを敷いて等時隔になっている。その後に開業した各新幹線も同様で、新幹線のダイヤこそがエル特急の発想の原点のひとつになっていると考えられる。

エル特急＝電車特急というイメージを抱く方が大半だと思うが、少数ではあるが気動車列車もエル特急に指定されている。先駆となったのは伯備線の「やくも」で、長らく唯一の存在（気動車単独列車では）であったが、やがて「しおかぜ」をはじめとした四国特急などがエル特急に指定されていった。

Lのマークを掲げたおもなトレインマーク図鑑

エル特急の変換期となったのは国鉄の分割民営化だ。ＪＲ移行後はまず数自慢という観点がほころびを見せ、一部の特急は快速や新快速に置き換えられた。またＪＲ東日本エリアにおける新幹線網の発達とともに、廃止となる列車が相次いだ。そしてＪＲ東日本は２００２（平成14）年12月のダイヤ改正ですべての特急から「エル」を外すことを決断。以後各社の判断で「エル」を外すこととなり、ついに２０１８（平成30）年３月のダイヤ改正で、最後まで「エル特急」として運行していたＪＲ東海の「しなの」「しらさぎ」「ひだ」の各特急からエル特急の愛称が除かれ、１９７２（昭和47）年10月以来およそ46年におよぶエル特急はその歴史の幕を閉じた。

華やかな列車が勢ぞろい

会社のカラーが現れた私鉄特急の進化

全国一律のサービスを転換してきた国鉄に対し、私鉄は各社ごとに色が明確に反映され、華やかな特急形車両が多い。なかでも特急料金が必要な有料特急&専用車両について振り返る。

文/平賀尉哲

大手私鉄のパイオニア的特急

東武鉄道 デラックスロマンスカー

1720系は国鉄1等車に匹敵する客室設備で、日光へ向かう外国人観光客にも好評を博した

1960年ごろに花開く大手私鉄の特急たち

現在、有料特急（通勤ライナーを除く）を運行している大手私鉄は、東武鉄道、西武鉄道、京成電鉄、小田急電鉄、名古屋鉄道、近畿日本鉄道、南海電気鉄道の7社で、地方私鉄では長野電鉄、京都丹後鉄道、智頭急行、土佐くろしお鉄道が有料特急を運行している。これらの会社では料金を徴収するにふさわしい専用車両を充てている。

私鉄の特急は南海電鉄の前身、南海鉄道が1926（昭和元）年12月に難波～和歌山市間で運転を開始したのがはじまりとされているが、この時の電7系車両は特急専用車ではなかった。特急専用として製造された初めての車両は、

名古屋鉄道 パノラマカー

日本初の前面展望車7000系。初期は前面窓下にフェニックスのエンブレムを掲出した

写真／辻阪昭浩

小田急電鉄 ロマンスカー

超低床・連接構造を採用し、今日の小田急ロマンスカーの礎を築いたSE（3000形）

写真／辻阪昭浩

南海電鉄 デラックスズームカー

20000系は4両編成1本のみ製造された。客室は髙島屋がデザインし、その豪華さは南海の評判を高めた

写真／辻阪昭浩

近畿日本鉄道 ビスタカー

中間に2階建て車を組み込んだ10100系。この車両以来、近鉄＝2階建てのイメージが定着した

写真／辻阪昭浩

西武鉄道 レッドアロー

西武秩父線開業に合わせてデビューした、西武初の特急車5000系。愛称は裾部の赤い帯にちなむ

料金不要の列車では1927（昭和2）年に新京阪鉄道（現・阪急京都線）のP―6形（のちの100系）、有料特急では1930（昭和5）年に参宮急行電鉄（現・近鉄）の2200系、同年の東武デハ10系がはじめとされている。しかし、参急2200系は急行など種別が異なる列車にも使用されていたため、厳密な意味では東武デハ10系が私鉄初の有料特急といえよう。

私鉄各社ごとの色が明確になり、有料特急が華やかになってくるのは1960（昭和35）年前後である。このころは国鉄に1958（昭和33）年に151系直流電車「こだま」・20系寝台客車、1962（昭和37）年に161系「とき」が登場するなど、日本の鉄道史においても特別な

ビジネス利用の特急

京成電鉄 モーニングライナー

「スカイライナー」より停車駅をこまめに設定し、本線沿線から上野へ向かう朝方の通勤時間帯に走る

小田急電鉄 ホームウェイ

長距離客の着席通勤需要に応えて、夕夜間は特急の愛称を変更のうえ設定された。車両はロマンスカーを運用する

時代だった。

東武では1960(昭和35)年に1720系「デラックスロマンスカー(DRC)」がデビュー、国鉄の1等車に匹敵する座席を設置し、6両編成中1両を8個の回転椅子とジュークボックスを備えたサロンルームとした。この施策により国鉄と競合していた日光アクセスで圧倒的優位に立った。

戦前から箱根への「週末温泉急行」を運行していた小田急は1957(昭和32)年に画期的な軽量高性能新特急車、3000形SE(Super Express Car)車を製造した。8両連接構造の3000形は、赤と白を基調とした低重心・超軽量の流線形の斬新なスタイルから鉄道ファンのみならず一般利用者からも注目を集めた。次いで1963(昭和38)年に3100形NSE車(New Super Express)を投入、運転台を屋根上に移して、編成両端を展望席としたこの車両は、「小田急ロマンスカー」の名を一層高めることとなり、以後、小田急の特急車に前面展望が引き継がれた。

その小田急3100形に先駆けること2年の1961(昭和36)年に、名鉄は7000系「パノラマカー」を製造した。運転台を屋根上に設置し、編成端を展望室とした元祖前面展望車で、赤系統のスカーレット1色の車体カラーとともに、長年に渡って名鉄のシンボルであった。

2階建て車両「ビスタカー」で知られる近鉄は、1958(昭和33)年に試作車に相当

名古屋鉄道 ミュースカイ

中部国際空港アクセスに特化した全車特別車列車。2000系が専用で、「ミュースカイ」は種別名でもある

南海電鉄 ラピート

関西国際空港アクセスの「ラピート」は、難波〜関西空港を30分強で結び、1時間に1往復程度が設定されている

近畿日本鉄道 ひのとり

2020年に登場した80000系は、両先頭車がプレミアム、中間車がレギュラー車とし、名阪甲特急に運用されている

京成電鉄 スカイライナー

成田スカイアクセスを経由し、最高160km/hで運行される2代目AE形。日暮里〜空港第2ビル間を36分で結ぶ

する10000系「ビスタカーI世」を、翌年に10100系「ビスタカーII世」を製造した。また、3両1編成の中間車を2階建てとした10100系の先頭車は、非貫通流線形と貫通型の2種類あり、3両のみの単独で、あるいは2本併結、他編成と併結するなど、フレキシブルに運用された。

南海は1961（昭和36）年に高野線へ20000系「デラックスズームカー」を投入した。4両編成1本の〝虎の子〟であるが、百貨店の高島屋がデザインした内装は落ち着いたなかに高級感がある意匠として、国鉄1等車並みのリクライニングシートともに評判を呼んだ。

西武では若干時期が下がり、西武秩父線の開業に合わせた

地方私鉄の特急

長野電鉄 ゆけむり 小田急ロマンスカーHiSE（10000形）を譲受し、長野～湯田中間の特急として活躍している

1969（昭和44）年に、同社初の特急専用車5000系「レッドアロー」が登場した。

通勤ライナー的な使われ方もする有料特急

現在の大手私鉄の有料特急は、東武・西武・小田急・近鉄・南海が観光特急、京成・名鉄・南海が空港アクセス特急を運行している。また、東武の「りょうもう」、西武の「小江戸」、近鉄の名阪特急などは「ビジネス特急」と呼ばれる都市間連絡に供されている。

近年は料金を払っても着席して通勤をしたい層が増えたことで、有料特急を通勤ライナー的な使い方をしている路線も現れた。小田急の「モーニングウェイ」「ホームウェイ」、京成電鉄の「モーニングライナー」「イブニングライナー」はこれを反映して設定された列車で、京成では特急料金について「モーニングライナー」「イブニングライナー」と成田空港アクセス「スカイライナー」とは、「スカイライナー」が本線経由の時代から別立てとしている。東武では特急列車への乗車促進の意味合いもあったが、乗車時間帯によって料金を割り引く「午後割・夜割」を行っていた。これは2021（令和3）年9月30日限りで終了している。

戦前に成田山新勝寺参詣観光特急「護摩」を臨時列車として運行した京成は、1953（昭和28）年に私鉄初のリクライニングシートを採用した1600形で特急「開運号」を運行した。成田山への参詣路線だった京成は、

京都丹後鉄道 丹後の海

「タンゴディスカバリー」KTR8000形をリニューアル。「はしだて」「まいづる」などでJR線内へ直通する

１９７８（昭和53）年の成田空港開港によって空港アクセスの使命を担うこととなり、空港開港に先駆けて１９７３（昭和48）年にＡＥ形の運行を開始した。京成が始めた空港アクセス特急は、のちに名鉄２０００系「ミュースカイ」、南海５００００系「ラピート」と広がっていった。

２０１０年を過ぎ、特急形車両の置き換えが散見される。東武は２０１６（平成28）年に５００系「リバティ」を製造し、２０２３（令和５）年には１００系「スペーシア」の後継、Ｎ１００系「スペーシアＸ」を導入する予定である。小田急は２０１８（平成30）年に７００００系ＧＳＥ(Graceful Super Express)の運行を開始、伝統の前面展望を継承した。近鉄は２０２０（令和２）年に名阪特急へ８００００系「ひのとり」を投入している。

ＪＲに乗り入れる地方私鉄は特急車を保有

長野電鉄は、地方私鉄としては珍しく有料特急を運行している事業者である。１９５７（昭和32）年に回転クロスシートと、空調装置にファンデリアを備えた２０００系を投入した。しかし、２００５（平成17）年に小田急１００００形、２０１１（平成23）年にＪＲ東日本２５３系を譲受し、有料特急はこれらに置き換えられた。

ＪＲと直通運転を行っている京都丹後鉄道・智頭急行・土佐くろしお鉄道は、京都丹後がＫＴＲ００１形、ＫＴＲ８０００形、智頭急行がＨＯＴ７０００系の気動車特急を自社発注で保有している。その一方で土佐くろしお鉄道はＪＲ四国と同じ設計の２７００系気動車を、過去には２０００系気動車を保有し、ＪＲと共通運用している。

乗ること自体が楽しみになる列車

絶景を眺め、食事も楽しめる観光列車がブーム！

非日常を求めた観光・レジャー客を対象とする列車が、JR、大手私鉄、地方民鉄を問わず増えている。絶景だけではなく食事付きプランなど、各社が個性を競い合う時代に突入した。

文／平賀尉哲

リゾートしらかみ くまげら編成（キハ48形）

2006年に登場した「リゾートしらかみ」３本目のくまげら編成は、内装と設備を初代橅編成と同一とした

モータリゼーションで観光輸送に変化

鉄道総合技術研究所刊『鉄道技術用語辞典』では、観光列車とは「旅行をするための移動手段として鉄道を利用するのではなく、鉄道に乗ること自体が旅行の目的となるような、通常の列車とは異なる魅力的な外観や内装を持つ列車のこと」と定義している。

戦後の混乱が落ち着いた1950年代から60年代、沿線に観光地を控えていた国鉄や大手私鉄は、特別なヘッドマークを掲出した臨時列車や、車内設備が豪華な特急を投入するなど、旺盛なレジャー需要に対応した。

しかし、観光における鉄道需要は自家用車が普及する高度経済成長以後から徐々に減

全国観光列車MAP

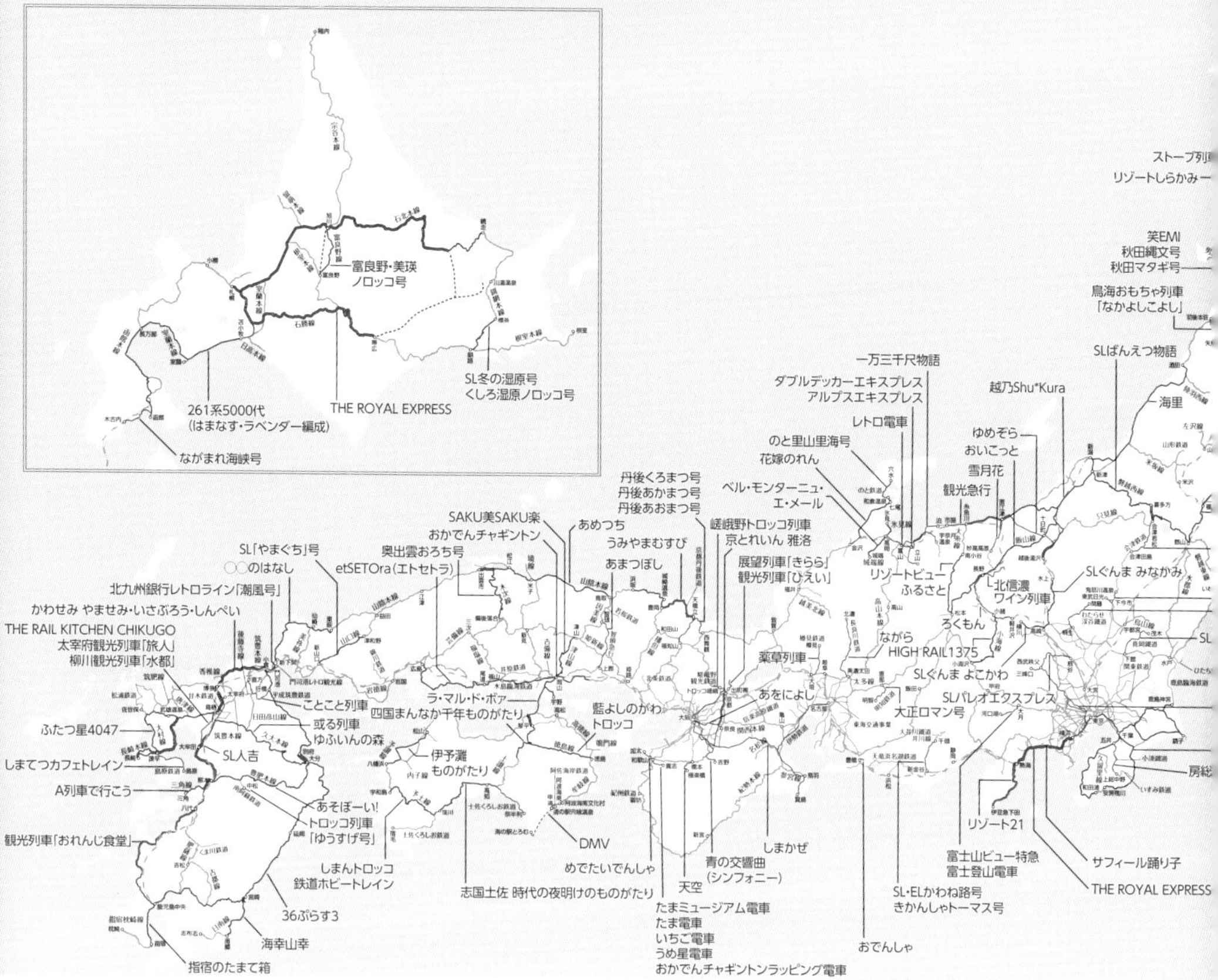

少し、家族旅行は自家用車、グループ旅行は観光バスに移行し、鉄道は単なる移動手段と見られるようになった。これは赤字のためもあるが画一的な特急型車両を製造し、全国に配属させた国鉄の責任も大きい。さらに新幹線の開業が、移動時間を短縮させて現地の滞在時間を増やすことに役立ち、新幹線駅からバスやレンタカーに乗り換える層が増えた。

それでも国鉄末期には畳敷きのお座敷車両や、サロン室、宴会ができる設備を備えた車両、さらに展望を考慮した車体構造を採用し、主に団体列車に供されたいわゆる「ジョイフルトレイン」を製造し、観光需要に応えようとした。ジョイフルトレインは既存の車両を改造したものが多く、

リゾートしらかみ青池編成（HB-E300系）

2010年にハイブリッド気動車HB-E300系に置き換わった「リゾートしらかみ」青池編成。車体色は青色を採用

嚆矢《こうし》とされる欧風列車「サロンエクスプレス東京」（1983年）は14系客車が種車だ。

国鉄改革後、JR旅客各社は地域の実情に合ったジョイフルトレインを投入してきた。JR北海道では冬季のスキー列車へ「フラノエクスプレス」「ノースレインボーエクスプレス」などを運用。JR九州はロットが小さな団体にも対応できるよう、2両編成の気動車を種車とするジョイフルトレインを開発し、工夫を凝らしていた。

とはいえ、平成に入ると既存の車両を改造したジョイフルトレインは機器類の経年劣化が進み、またレジャーの形態も様変わりして稼動が少なくなり、保有両数が減少している。JR東海においては2004（平成16）年に「ユー

ベル・モンターニュ・エ・メール

雪を抱いた立山連峰を背景に氷見線を走る。車内は富山県の伝統工芸品を随所にあしらい、ギャラリーの雰囲気

四国まんなか千年ものがたり

「おとなの遊山」をコンセプトに土讃線多度津〜大歩危間を走る。車内では地元の食材を使用した料理も提供

或る列車

明治期に九州鉄道が米国から輸入したブリル客車をイメージした列車で、パッケージツアーで運用される

ロライナー」が引退したことで、ジョイフルトレイン自体がなくなった。

「リゾートしらかみ」が変えた観光列車の世界観

2010年に入り、観光列車が再び注目されてきた。シニア層の旅行熱の高まりと、インバウンド需要という新しいマーケットによるもので、「列車そのものを観光資源化する」試みが、JR・大手私鉄・地方私鉄を問わず見られるようになったためである。

「乗ってもらうための工夫」は、①食事の提供やアテンダントによる観光案内、②沿線自治体や地域産業とタイアップなどがあげられる。食事は旅の楽しみのひとつで、従来の鉄道旅行の供食は弁当の持ち込みや車内販売、食堂車を

西武 旅するレストラン 52席の至福

秩父の自然や渓谷をモチーフに、4000系を種車にレストランカーとした。列車名は定員52人にちなむ

連結する列車であれば、そこで食事を取るくらいしか選択肢がなかった。ましてや沿線自治体や住民とのふれあいなどは期待できなかった。

これを打破した新しい観光列車の先駆けとなったのは、JR東日本五能線を走る「リゾートしらかみ」であろう。1997（平成9）年の秋田新幹線開業に合わせて登場したこの列車はキハ40系を種車に側窓を大きくとり、さらに運転台越しの前面展望を楽しめる列車として誕生した。途中駅での停車時間にイベントを実施したり、駅を離れて散策できるほか、車内で津軽三味線の生演奏を披露するなど、地元とタイアップした観光体験を複数用意した。五能線の風景のよさもあり人気を博し、「リゾートしらかみ」乗車を目的に首都圏から訪れる人も多かった。「リゾートしらかみ」の成功は、のちに各地へ誕生した観光列車のひとつのモデルとなったと言えよう。

「リゾートしらかみ」は最初の編成を「青池」と名付け、のちに「くまげら」「橅」の3本に増えた。2010（平成22）年には「青池」が、2016（平成28）年には「橅」がハイブリッド気動車のHB−E300系に置き換えられた。

SLにトロッコ……乗車が楽しい列車は地方にも

JRでは季節臨時列車の扱いで、主に地方路線で専用車両を使った観光列車を運行するケースが増えている。JR北海道では「旭山動物園号」、

2号車は天井に柿渋和紙を、車両とデッキの仕切りは秩父銘仙を使用し、客席は2人掛けと4人掛けを配置

食事は有名店のシェフが監修したコース料理を季節替わりで提供。3号車のキッチンで調理される

JR東日本では「リゾートしらかみ」「TOHOKU EMOTION」「越乃Shu*Kura」「おいこっと」など、JR西日本は「花嫁のれん」「ベル・モンターニュ・エ・メール」「あめつち」「○○のはなし」など、JR四国は「伊予灘ものがたり」「四国まんなか千年ものがたり」など、JR九州はデザイン&ストーリーと名付けて観光列車を展開し、「或る列車」「いさぶろう・しんぺい」「海幸山幸」などの列車を運行している。これらは初代の「リゾートしらかみ」と同じく、既存の車両を種車に観光列車へ改造したものが大半ではあるが、内装に地元産品を使用しつつ工業デザイナーの水戸岡鋭治氏による車内外のデザインを施すことで視覚と触覚でその土地の旅を演出している。とくにJR九州は1988(昭和63)年にキハ40系を種車とする「アクアエクスプレス」のデザインを水戸岡鋭治氏に委託して以来、観光列車は同氏のデザインとなった。

　このほか「レストランカー」とも称すべき、食事をすることをメインとした列車が、近年各地に誕生した。いすみ鉄道「レストラン列車」、西武鉄道「旅するレストラン52席の至福」、西日本鉄道「THE RAIL KITCHEN CHIKUGO」などが代表的な列車で、地元の食材を使った飲食サービスを提供している。

　一方で、SLは特別な装飾を施さなくても「列車そのもの」を観光資源化」している代表的な列車だ。大井川鐵道はそれが成功したひとつの事例

しまんトロッコ

元祖トロッコ列車「清流しまんと号」の流れをくむ列車で、土佐大正～江川崎間でトロッコ車両に乗れる

で、「SL列車＝大井川鐵道」と言えるほど定着している。さらに環境省の「残したい〝日本の音風景100選〟」に大井川鐵道のSL列車が選定され、SL列車が地域に溶け込んでいることがわかる。現在、SL列車はJR北海道・東日本・西日本・九州、真岡鐵道、秩父鉄道、東武鉄道、大井川鐵道で運行されている。もっとも新しく参入した東武では、3両のSLを保有し、下今市～東武日光・鬼怒川温泉間を結ぶ。なお、小湊鉄道の「房総里山トロッコ」、伊予鉄道の「坊っちゃん列車」の牽引機は、SLの形をしているがディーゼル機関車である。

　ワイルドな乗り心地と風をダイレクトに感じられる「トロッコ列車」も、乗車自体を目的とする観光列車である。国鉄時代の1984（昭和59）年に2軸無蓋貨車を改造してトロッコ列車に仕立てた、JR予土線の「清流しまんと号」（のち「しまんトロッコ」）がはじまりだ。これをきっかけにJR各社や地方私鉄にトロッコ列車が広まった。その際に種車としたのは貨車ではなく、乗り心地の面から旅客車が選ばれている。

SLかわね路

いち早くSLの動態保存を行った大井川鐵道。5両（1両休車）のSLが在籍し、ほぼ毎日SL列車を運行している

第3章

鉄道はじまりの地・横浜

1872（明治5）年に横濱停車場が開業してから150年。
鉄道の歴史とともに発展してきた
“鉄道発祥の地”横浜にスポットをあてた。

横浜駅150年年表

**横浜港開港から13年後の1872年10月14日、
日本初の鉄道が新橋～横浜（現桜木町）間で開業した。
その150年の歴史を、横浜駅を中心に振り返ってみたい。**

文／松本典久

「横浜鉄道館蒸汽車往返之図」。1873（明治6）年に出版された三代・歌川広重による横浜駅を描いた錦絵。駅舎の設計は新橋駅と同じく、“横浜西洋館の祖”と呼ばれるアメリカ人建築家、R・P・ブリジェンス氏によるもの
画像／横浜市中央図書館所蔵

横浜の鉄道150年

1872（明治5）年10月14日、日本の鉄道は新橋～横浜間の本開業で始まった。実のところ、その3カ月前には品川～横浜間で仮開業。これが日本最初の鉄道であり、変遷を重ねながらも150年後の今日に続いているのだ。

新橋駅は東京側の起点だったが、なにゆえ横浜まで最初の鉄道が敷設されたのだろうか。

江戸時代、このエリアで栄えていたのは東海道の宿場町だった神奈川、程ヶ谷（現・保土ケ谷）で、横浜は街道からも離れた半農半漁の寒村だった。

幕末、鎖国体制を解くなかで横浜が開港された。横浜と江戸を結ぶ交通は重視され、

1970年に撮影された高島貨物線を走るD51形蒸気機関車。横浜を走る最後のSL定期列車だった
写真／松本典久

江戸時代のうちに鉄道が計画された。しかし、明治維新の体制変革で頓挫、1869（明治2）年になってようやく日本の鉄道建設が決まった。

ここでは東西両京を結ぶ幹線、さらに東京・横浜間などの支線が定められた。そして手始めとして距離の短い東京〜横浜間から建設することになり、日本初の鉄道という栄光を手にしたのだ。

1889（明治22）年には東海道線が全通。この東海道線の建設に合わせて横浜駅は変遷を重ねる。

1899（明治32）年、大師電気鉄道（現・京急大師線）が日本で3番目、関東では初めてとなる電車運転を開始。5年後には横浜市電の前身となる横浜電気鉄道も開業、大正期には京浜線として国鉄の電車運転も始まっている。

昭和初期には東急東横線、京急や相鉄の前身となる鉄道も発着するようになり、横浜は国鉄・私鉄の集まるターミナルとして成長していくことになる。

高度経済成長期の1964（昭和39）年には東海道本線の輸送力増強として東海道新幹線も開通。もちろん横浜にも駅を設けることになったが、高速鉄道としてのルート設定から横浜線との交差部に新横浜駅として新設された。

横浜市内の足としては昭和30年代から市電に加えてトロリーバスも運行されるようになったが、経営の合理化や道路渋滞解消ということで地下鉄への切り替えが決まる。地下鉄は1972（昭和47）年に開業したが、その後も延伸を重ね、現在も延伸計画が進行中だ。

近年では2004（平成16）年に横浜高速鉄道みなとみらい線が開業、東急東横線と相互直通運転を開始。また、2019（令和元）年には相模鉄道とJRとの連絡線が完成、横浜駅を経由せず新宿方面に直通運転するようになった。2023年春には東急との連絡線も完成。これにより相模鉄道から東急の渋谷方面および目黒方面への直通運転も始まる。

現在の横浜駅周辺。湾岸エリアには臨港線の線路跡を活用した遊歩道「汽車道」などもあり毎日多くの人が横浜に足を運ぶ

1869(明治2)年	12月12日(旧暦11月10日)	鉄道建設を廟議決定。東西両京を結ぶ幹線のほか、東京～横浜間などの支線建設が決まる
1870(明治3)年	(旧暦5月)	横浜駅の敷地を神奈川県から譲受
1871(明治4)年	4月13日(旧暦2月24日)	横浜駅(初代)建設工事着工
	9月22日(旧暦8月8日)	横浜駅(初代)構内に横浜機関車庫開設
	10月15日(旧暦9月2日)	横浜駅(初代)本屋竣工
1872(明治5)年	4月22日(旧暦3月15日)	横浜駅(初代)乗降場竣工
	6月12日(旧暦5月7日)	品川～横浜間仮開業で、横浜駅(初代)が開業。1日2往復(翌日から6往復)。旅客だけでなく、手回り品や手荷物の取り扱いも開始
	7月10日(旧暦6月5日)	神奈川県内に川崎・神奈川駅も開業
	8月15日(旧暦7月12日)	横浜→品川間で明治天皇乗車
	10月11日(旧暦9月9日)	当初の新橋～横浜間開業式開催予定日、雨天のため旧暦9月12日(10月14日)に延期
	10月14日(旧暦9月12日)	新橋～横浜間開業、横浜駅でも開業式開催。新橋～横浜間でお召列車運転
	10月15日(旧暦9月13日)	新橋～横浜間の一般営業開始。神奈川県内に鶴見駅も開業
1873(明治6)年	1月1日(旧暦12月3日)	〈太陽暦に変更〉明治5年12月3日を明治6年1月1日とした
	9月15日	新橋～横浜間で貨物営業開始、貨物列車運転開始。当初の扱い駅は新橋、横浜だけだった
1881(明治14)年	5月7日	鶴見～横浜間の複線化により新橋～横浜駅間の複線化が完成
1886(明治19)年	7月19日	東西幹線を中山道から東海道に変更
1887(明治20)年	7月11日	横浜(初代)～国府津間開業。横浜駅では進行方向が変わるスイッチバック運転となる
1889(明治22)年	4月1日	〈横浜市制施行(人口11万6193人)〉
	6月16日	横須賀線大船～横須賀間開業
	7月1日	新橋～神戸間全通。のち東海道線、さらに東海道本線となる
1894(明治27)年	8月1日	〈日清戦争が始まる〉
	12月下旬	陸軍省の要請で神奈川～程ヶ谷(現・保土ケ谷)間に横浜駅を通過しない短絡線完成(当初は軍専用だった)
1898(明治31)年	8月1日	陸軍省から短絡線を譲り受け、一般運輸開始。遠距離列車は横浜駅を経由せず、下りは神奈川駅、上りは程ヶ谷駅に停車、両駅から横浜駅に連絡する列車を設定
1899(明治32)年	1月21日	大師電気鉄道(現・京浜急行電鉄)開業
1901(明治34)年	10月10日	神奈川～程ヶ谷(現・保土ケ谷)間に平沼駅を開設
1904(明治37)年	2月10日	〈日露戦争が始まる〉
	7月15日	横浜電気鉄道(のち横浜市電)開業
1905(明治38)年	12月24日	京浜電気鉄道(現・京浜急行電鉄)品川(現・北品川)～神奈川間全通
1908(明治41)年	9月23日	横浜鉄道(現・横浜線)開業
1913(大正2)年	10月10日	2代目横浜駅(高島町)の建設着工
1914(大正3)年	7月28日	〈第一次世界大戦が始まる〉
	12月20日	東京駅開業。高島町(2代目横浜駅のそば)に電車専用ホームを設置、東京～高島町間で京浜線(京浜東北線の前身)電車運転
1915(大正4)年	8月15日	2代目横浜駅開業。初代横浜駅は桜木町と改称。高島町、平沼駅は廃止。京浜線の電車運転は東京～横浜間となる

12月30日 東京〜横浜間の電車運転を桜木町まで延伸。桜木町駅では旅客と貨物を分離、貨物専用の東横浜駅を新設。当地にあった横浜機関高島に移転、高島機関庫と改称

1917(大正6)年 10月1日 国が横浜鉄道を買収して横浜線に

1918(大正7)年 4月1日 横浜(2代目)〜桜木町間の電車専用高架線完成

1920(大正9)年 7月23日 横浜港駅開業。客船の入港がある時は東京〜横浜港間で直通旅客列車も運行。東横浜〜横浜港間の貨物線そのものは1911(明治44)年に開通

1921(大正10)年 4月1日 横浜市が横浜電気鉄道を買収して横浜市電に

1923(大正12)年 9月1日 〈関東大震災〉横浜(2代目)駅は倒壊、桜木町駅は焼失

1925(大正14)年 12月13日 横浜〜国府津間電化。東京〜国府津・横須賀間で電気機関車による列車運転開始

1926(大正15)年 2月14日 東京横浜電鉄(現・東急電鉄東横線)開業

3月10日 鶴見臨港鉄道(現・鶴見線)開業

5月12日 神中鉄道(現・相模鉄道)開業

1927(昭和2)年 3月9日 南武鉄道(現・南武線)開業

5月24日 3代目横浜駅(現在の場所)の建設着工

1928(昭和3)年 5月18日 東京横浜電鉄の神奈川〜高島(のち本横浜を経て高島町、現廃止)間開業

10月15日 神奈川〜保土ケ谷間の新線完成、3代目横浜駅開業。2代目横浜駅と神奈川駅は廃止。ただし、2代目横浜駅の京浜線乗降場は3代目横浜駅に営業キロを変更して高島口としてそのまま使用

1929(昭和4)年 6月22日 京浜電気鉄道の京浜神奈川(現・神奈川)〜横浜(仮駅)間開業

9月15日 東京〜下関間の特急1・2列車、3・4列車に「富士」「桜」と命名(列車名称のはじまり)。ともに横浜駅に停車

1930(昭和5)年 1月26日 京浜線を3代目横浜駅を経由する現行ルートに変更、横浜駅高島口(2代目横浜駅の京浜線乗降場)廃止

2月5日 京浜電気鉄道の横浜(仮駅)〜横浜間開業

3月15日 横須賀線東京〜横須賀間電車運転開始

4月1日 湘南電気鉄道(現・京浜急行電鉄)開業

10月1日 東京〜神戸間に特急「燕」新設。横浜駅に停車

1931(昭和6)年 9月18日 〈満州事変が始まる〉

12月26日 京浜電気鉄道と湘南電気鉄道がそれぞれ日ノ出駅まで延伸。ただし、この時点では軌間が異なるため、直通できなかった

1932(昭和7)年 3月31日 東京横浜電鉄の高島町〜桜木町(共に現廃止)間開業

9月1日 京浜線の電車運転が大宮まで延伸、現在の京浜東北線に続く運転となる　※京浜東北線の命名は1956(昭和31)年

10月1日 横浜線電車運転開始、桜木町まで乗り入れ

1933(昭和8)年 4月1日 京浜電気鉄道の改軌が終了、湘南電気鉄道と直通して品川〜浦賀間運転開始

12月27日 神中鉄道が横浜駅まで延伸

1936(昭和11)年 9月1日 高島機関庫を高島機関区に改称

1941(昭和16)年 4月5日 横浜線全線電化完成

11月1日 京浜電気鉄道と湘南電気鉄道が合併、新たな京浜電気鉄道に

1942（昭和17）年	12月8日	〈第二次世界大戦が始まる〉
	5月1日	東京横浜電鉄、小田急電鉄、京浜電気鉄道が合併して、東京急行電鉄（通称・大東急）に
1943（昭和18）年	10月1日	〈横浜市の人口100万人突破〉
	4月1日	相模鉄道が神中鉄道を吸収合併
	6月28日	国が鶴見臨海鉄道を買収し、7月1日から鶴見線に
1944（昭和19）年	4月1日	国が南武鉄道を買収して南武線に
1945（昭和20）年	5月29日	〈横浜大空襲〉横浜駅の大半が焼失
	8月15日	〈終戦〉
1947（昭和22）年	10月14日	高島機関区を横浜機関区に改称
1948（昭和23）年	6月1日	東京急行電鉄より小田急電鉄、京浜急行電鉄、京王帝都電鉄などが分離・再発足
1949（昭和24）年	9月15日	東京～大阪間に戦後初の特急「へいわ」新設。横浜駅に停車
1950（昭和25）年	1月1日	東京～大阪間の特急「へいわ」を「つばめ」と改称。横浜駅に停車
	3月1日	東京～沼津間で80系「湘南電車」運転開始
	5月11日	東京～大阪間の特急「はと」新設。横浜駅に停車
1951（昭和26）年	4月24日	桜木町駅で電車火災（桜木町事件）
1956（昭和31）年	4月2日	相模鉄道横浜駅の新駅舎竣工
	11月19日	東海道本線全線電化完成。「京浜東北線」の名称設定
1957（昭和32）年	1月18日	相模鉄道横浜～西横浜間複線化
1958（昭和33）年	10月1日	東京～博多間の夜行特急「あさかぜ」に20系客車導入（ブルートレインのはじまり）。上下列車とも横浜駅に停車
	11月1日	東京～大阪・神戸間に電車特急「こだま」新設（電車特急のはじまり）。横浜駅に停車
1959（昭和34）年	7月16日	横浜市のトロリーバス開業
1960（昭和35）年	6月1日	東京～大阪間の特急「つばめ」「はと」を電車化。横浜駅に停車
	8月28日	東京～横浜港間の直通列車最終運行（「氷川丸」出港に合わせて運行）
1964（昭和39）年	5月19日	桜木町～根岸間開業。東海道本線となっていた横浜～桜木町間を合わせ、横浜～根岸間を根岸線とする。京浜東北線と直通運転
	10月1日	東京～新大阪間の東海道新幹線開業、新横浜駅開業、停車は「こだま」のみ。横浜駅に発着する在来線昼行特急電車は前日限りで廃止
	10月10日	〈東京オリンピック開催〉
1965（昭和40）年	7月1日	横浜港～山下埠頭間開業
	10月1日	横浜駅に「みどりの窓口」開設
1969（昭和44）年	4月25日	東京～伊豆急下田間で特急「あまぎ」（157系）運転開始。横浜駅に停車
1970（昭和45）年	9月15日	東海道本線（通称：高島貨物線）鶴見～高島～桜木町間電化
	10月1日	東海道本線（通称：高島貨物線）鶴見～高島～桜木町間無煙化
	10月10日	東京～横浜港間でD51形791号機牽引の「さよなら蒸気機関車号」運転。11・18日にも運転
1971（昭和46）年	8月1日	新相鉄ビルの一部として、現在の相模鉄道横浜駅の駅舎竣工
1972（昭和47）年	3月31日	横浜市の市電・トロリーバス、この日限りで廃止

	10月14日	汐留～東横浜間でC57形7号機牽引の「鉄道100周年記念列車」運転。15日も運転
	12月16日	横浜市営地下鉄1号線（現・ブルーライン）が伊勢佐木長者町～上大岡間で開業
1976（昭和51）年	7月1日	新横浜駅に「ひかり」停車開始（当初は1日上下各1本）
	9月4日	横浜市営地下鉄1・3号線（現・ブルーライン）の延伸で横浜駅にも連絡
1978（昭和53）年	5月1日	〈横浜市の人口が大阪市を抜き、東京都に次いで全国第2位となる〉
1979（昭和54）年	10月1日	東海道本線（通称：東海道貨物線）鶴見～横浜羽沢～戸塚間開業。貨物列車が横浜駅を通過しなくなった。東横浜駅は東横浜信号所に
1980（昭和55）年	6月13日	東横浜～山下埠頭間でC58形1号機牽引の「横浜開港120周年・横浜商工会議所創立100周年列車」運転。14・15日も運転
	10月1日	横須賀線が東海道本線と分離、横浜駅の発着ホームも分離
	11月7日	横浜駅の東口新駅舎竣工、東西自由通路も使用開始
1981（昭和56）年	1月30日	東横浜信号場廃止
	10月1日	東京～伊豆急下田・修善寺間に特急「踊り子」（185系）運転開始。横浜駅に停車。特急「あまぎ」は前日に廃止
1982（昭和57）年	11月15日	横浜港駅を横浜港信号場に
1983（昭和58）年	11月8日	〈横浜みなとみらい21事業起工〉
1985（昭和60）年	3月14日	〈横浜市営地下鉄3号線横浜～新横浜間など延伸開業〉
1986（昭和61）年	11月1日	横浜駅で荷物取り扱いを廃止。高島信号場～横浜港信号場～山下埠頭間廃止。横浜機関区廃止
1987（昭和62）年	4月1日	国鉄民営化でJRグループに移行
1988（昭和63）年	4月20日	東京～伊豆急下田間で伊豆急行2100系による臨時快速「リゾートライナー」（のち「リゾート踊り子」などとして定着）運転。横浜駅に停車
1989（平成元）年	3月25日	横浜博覧会開催（みなとみらい21地区）旧横浜港駅界隈の廃線跡でレトロ気動車運行（博覧会終了後、車両は三陸鉄道に）
1990（平成2）年	4月28日	新宿・池袋・東京～伊豆急下田間に特急「スーパービュー踊り子」（251系）運転開始。横浜駅に停車
1991（平成3）年	3月19日	横浜・新宿・池袋～成田空港間に特急「成田エクスプレス」（253系）運転開始
1992（平成4）年	3月14日	東海道新幹線で「のぞみ」（300系）運転開始、新横浜駅にも停車
1996（平成8）年	3月16日	東京～静岡間に特急「東海」（のち「（ワイドビュー）東海」に。373系）運転開始。横浜駅に停車
	4月27日	横浜～甲府間に特急「はまかいじ」（185系）運転開始
1997（平成9）年	7月19日	旧横浜港駅界隈の廃線跡を整備して遊歩道「汽車道」に
2002（平成14）年	3月2日	旧横浜港駅～山下公園の廃線跡を整備して遊歩道「山下臨港線プロムナード」に
2004（平成16）年	1月30日	東京急行電鉄東横線の横浜～桜木町間の運行がこの日限りで終了
	1月31日	東京急行電鉄東横線の横浜駅のりばが高架から地下へ。東西自由通路を「中央通路」に名称変更
	2月1日	横浜高速鉄道みなとみらい線開業。東急東横線と相互直通運転開始
2007（平成19）年	3月17日	この日限りで特急「（ワイドビュー）東海」廃止
2008（平成20）年	3月30日	横浜市営地下鉄1・3号線が「ブルーライン」に
2017（平成29）年	7月21日	横浜～伊豆急下田間に観光列車「THE ROYAL EXPRESS」（伊豆急行2100系改造車）運転開始
2020（令和2）年	3月14日	東京～伊豆急下田間に特急「サフィール踊り子」（E261系）運転開始。前日限りで「スーパービュー踊り子」廃止

旧新橋停車場

住 東京都港区東新橋 1-5-3
時 10:00 〜 17:00
休 月曜※祝日の場合は開館、翌火曜休、年末年始、ほか臨時休館あり

鉄道の起源を巡る

志んばし〜横濱 鐵道道中膝栗毛

150年前、日本で初めて走った新橋〜横浜間。その起源となるゆかりの地を東海道線沿線に求めて、旧新橋停車場から横浜桜木町駅へと向かった。

取材・文／南 正時　撮影／伊藤岳志　取材協力／旧新橋停車場

画像／国立国会図書館デジタルアーカイブ

新橋ステンションヨン蒸気車鉄道圖

わが国の鉄道発祥地となり、その起点となった新橋停車場は、アメリカ人建築家ブリジェンスの設計によって竣工した。以後、1914年の東京駅開業により貨物専用駅となるまで、東京の中央駅として鉄道創世期の輸送を支えてきた。錦絵は三代目歌川広重による「新橋ステンションヨン蒸気車鉄道圖」

始発を表す0哩標識が旅立ちのスタートライン。旧新橋停車場とホーム（レプリカ）。本物は150メートルもあった

新橋駅から横浜への旅をはじめる

「汽笛一声新橋を……」の鉄道唱歌を口ずさみながら。

ＪＲ新橋駅に降り立つと烏森口のＳＬ広場にはＣ11形蒸気機関車が展示されている。これは鉄道100年を記念して保存されたもので、今では新橋の待ち合わせ場所として重宝されている。反対側の汐留口には「鉄道唱歌の碑」がある。作詞者の大和田建樹の生誕100周年と鉄道開業85周年にあたる1957（昭和32）年に設置されたものだ。大和田建樹は1857（安政4）年に宇和島に生まれ、鉄道開業以後、汽車に乗り各地を旅行した際に「鉄道唱歌」を作ったといわれている。

今回、鉄道開業150年に

「旧新橋停車場」の展示室では、駅舎跡の遺構はガラス越しに見ることができる

「旧新橋停車場」には、ホームの一部と駅舎の外観が復元されている

旧汐留貨物駅から築地魚市場までは引込線があった。往時の面影を感じさせる踏切の跡だけが残る

あたり、新橋〜横浜間という当時の鉄道沿線をたどり旅することになったが、かねてからここ鉄道唱歌の地から旅立ちたいと思っていた。そして、私のいで立ちと言えば、当時の乗客や鉄道関係者に敬意を払い文明開化当時の和服と「ざんぎり頭」を旅装とすることにした。

日本の鉄道開業時の始発駅は、現・新橋駅から徒歩5分の「汐留シオサイト」の一角に建つ「旧新橋停車場」が創業時の駅の位置である。かつては汐留貨物駅として物流の拠点となっていたが「汐留シオサイト」の大規模開発により、現在は巨大ビル群の一角に旧・新橋駅跡として駅舎の外観が復元され、ここに鉄道創業時の貴重な資料や遺構が展示されている。駅舎は昔の

高輪ゲートウェイシティ再開発の工事中に姿を現した150年前の開業時に建設された築堤。この一部が保存されるという（写真は公開時のもの。今は見ることができない）

新橋～品川間の開業時に海の中に築堤があった場所が、高輪ゲートウェイ駅周辺の再開発地となった

写真などを参考に復元されたもので、明治の建築様式を今に留め、ビル群の中にあってひときわ存在感が高い建築物にとなっている。

駅舎内には再開発時の発掘調査の出土品などを展示。１９９６（平成８）年に汐留駅跡を発掘したところ、開業当時の駅舎の基礎、ホーム跡、機関区跡などの遺構が出土した。それらは開発によってほとんどが破壊されたが、一部が保存され、館内ではガラス張の窓から見学することができる。

往時の様子を想像しつつ高輪から品川へ

新橋停車場を旅立ち、まず訪れたのは高輪。

鉄道唱歌の二番で知られる「右は高輪泉岳寺　四十七士

品川を出るとすぐ八ツ山橋の切通しに差しかかる。現在は拡張され山手、京浜東北、東海道線、東海道新幹線が通る都内屈指の交通の要所となっている。ここから八ツ山橋を渡れば旧東海道の品川宿に入っていく

の墓どころ……」の高輪地区。１５０年前は、新橋停車場を発車して間もなく線路は海に築かれた築堤を品川まで進んでいた。その遺構が近年の「高輪ゲートウェイ駅」前の再開発工事によって姿を現した。想像以上にしっかりした状態のまま発見されたので遺構保存の動きが高まり、その一部の保存が決まった。現在、遺構はブルーシートに覆われ保存工事を待っている。

そのまま第一京浜を品川駅に進むと駅前の道路わきに「品川駅創業記念碑」が建立されている。これは新橋〜品川間の建設が高輪築堤の大工事で竣工が遅れたため、新橋〜横浜開業よりも早い１８７２（明治５）年６月12日に品川〜横浜間が暫定開業したことを記念したもので、この碑

江戸末期創業の老舗蕎麦屋の「吉田家」。ランチのそばがおいしかった

が品川が新橋停車場より早く開業した鉄道の駅だとアピールしている。

当時の品川駅の駅舎は海岸近くにあり、岩に打ち寄せる波が客車の窓から入ってくることもあったという。

ここで品川駅に敬意を払って入場券を買い、山手線ホームにある老舗、常盤軒の「駅そば」を食べる。常盤軒は旧・新橋駅の発掘調査のとき「常盤軒の茶土瓶」の陶器が出土していた。日本の鉄道史に深くかかわる歴史ある駅弁業者だった。今のホームの駅そばが駅弁のホーム販売の名残というわけだ。

大森から多摩川へと旧東海道を南へと進む

品川から再び第一京浜を八ツ山橋方向に歩く。左手には

新橋へ向かうアメリカ人モース博士が車窓から発見したといわれる大森貝塚。大森駅から徒歩7〜8分のところにあり、今は「大森貝塚遺跡公園」として整備されている。現在も地形は変わらず、貝塚のすぐ近くを東海道線の電車が通り過ぎる光景は、車両が近代化されたものの昔のまま

山手線、東海道本線など線路が集中したまま八ツ山の切通しに至る。

「八ツ山」の地名は、この付近に海岸に突き出た洲が八つあったことに由来する。開業当時の蒸気機関車は馬力が弱く、鉄道の敷設にあたって、八ツ山から御殿山の丘陵の急勾配を避けて切り通しにし、平坦を走らせる方法をとった。切通しの線路を東海道が越える必要があるため、東海道品川宿に陸橋が必要となり、1872年1月に日本初の木橋の跨線橋が架けられた。これが「八ツ山橋」の前身となる橋である。

余談だが、この八ツ山橋辺りは映画「ゴジラ」のなかで、怪獣ゴジラによって二度も破壊されている。ゴジラ第一作（1954年・本多猪四郎監

多摩川に架かる「六郷川橋梁」は、最初は木橋だったというが、現在は複数の橋梁が架かっている。川の部分にトラスが架かっているのは昔と変わっていない

督）では八ツ山橋付近に上陸したゴジラは急行列車と衝突した後に品川駅を破壊する。その駅破壊を記念（？）してなのか、品川駅の山手線ホームには0キロポストと共に「鉄道発祥の地」を兼ねたゴジラの記念プレートがある。

私の旅も八ツ山橋を渡り東海道線とは少し離れるが旧東海道を鈴ヶ森まで進むことにした。品川宿の街道に沿って進むと立会川に近くに創業安政年間という蕎麦屋「吉田家」があったのでここで昼食にした。鉄道開業以前の江戸時代から東海道を往来する旅人の食を癒してきただけに遠く幕末の志士に思いを馳せて蕎麦をすするのも一興。東海道は鈴ヶ森刑場跡で第一京浜と合流する。我々も東海道線に向かって進むことにした。

当時の陸蒸気は53分かかったという、終点の横濱駅跡で鉄道の名残を探す。

桜木町駅前には開業当時の横浜駅の写真が展示してある。横浜は湧水が多くそのイメージで駅前に噴水が作られた

　大井町と大森間の線路脇に位置する「大森貝塚」は子供の頃、社会科や歴史で学んだ縄文遺跡である。この史跡が鉄道開業がきっかけで発見されたと、鉄道開業時の調べものをしていた時、知った。1877（明治10）年に横浜に上陸したアメリカ人の動物学者エドワード・S・モース博士が、汽車で横浜から新橋へ向かう途中、大森を過ぎて間もなくの崖に貝殻が積み重なっているのを列車の窓から発見し、後日発掘調査したものだ。貝塚と東海道線の距離はわずか10メートルほど、貝塚の丘からは当時のままの鉄道風景が見えて感慨深い。

　大森から東京都と神奈川県境に架かる六郷川橋梁にたどり着く、この鉄橋は当初木橋だったといわれるが、位置的

右上・右下／桜木町駅鉄道歴史展示ギャラリーには、開業当時の110形蒸気機関車をはじめ、中等客車（レプリカ）が展示してあり、入場無料で見学できる

桜木町駅近くの公園にある鉄道創業の地記念碑。かつては桜木町駅前にあった

には創業時と変わっておらず、川崎寄りの堤防から見れば川の部分に架かるトラス橋も、周りの風景とも相まって鉄道開業当時の風景を彷彿とさせてくれる。

桜木町界隈に残る謎の「鐵道山」？

当時の「陸蒸気」は新橋から約53分をかけて横濱駅にたどり着いた。現在の横浜駅から分岐する根岸線の桜木町駅までの路線である。当時の横濱駅（現・桜木町駅）は海に面した湿地帯であった。どうして現在の横浜駅が終着駅でなかったのかといえば、当時、1859（安政6）年には横浜港は外国に向けて開港されており、港近くには外国人居留地域があったため、港近くの駅になったと言われている。

掃部山は別名「鉄道山」といわれ、英国人鉄道技術者の住宅があり、一部は鉄道院の敷地だった

掃部山の「掃部」はかつて彦根藩井伊直弼の官位である掃部頭から名付けられ、公園には井伊直弼像が建つ

掃部山下の「鉄道湧水」。この辺りからパイプラインで旧・横濱駅に引かれ機関車の給水に使われた。今も水量は少ないが湧き続けている

掃部山の中腹から見た「鉄道湧水」のあたり。古い民家と石段の下に横井戸がある

　今から15年前、私は桜木町に近い「掃部山《かもんやま》」の崖下に湧水があることを知り、自著の取材を行った。その時、掃部山が鉄道開業時の英国人技術者の居住地区だと知った。この山は地元では「鉄道山」としていい伝えられてきたという。そして辺りは鉄道院の土地であったことも知った。と、すると掃部山から湧き出る地下水は鉄道用水に利用した湧水？　と勝手に決めつけ「鉄道湧水」とメディアで発表した。すると近年、テレビ番組でこの湧水の源流が掃部山の山腹を掘った横井戸であることが判明、ここからの水は鉄道員の生活用水や鉄道用水にも使われたほか、機関車の給水などにも使われたものだった。

　あながち「鉄道湧水」と命

赤レンガ倉庫に隣接した横浜港駅は、1910（明治43）年8月15日に開業した横浜から横浜港を結ぶ専用線の駅。かつてはこの桟橋から外国航路が出航していた。今回はここで、買っておいた横浜名物「シウマイ弁当」をいただいた

ジェラール水屋敷。横浜の丘陵地から湧く地下水は良質で外国人船員から「横浜の水は赤道を越えても腐らない」といわれた。その給水のためアルフレッド・ジェラールが給水施設を造成した。施設の遺構が国の登録有形文化財として残っている

横浜港と言えばメモリアルシップの「氷川丸」。外国航路に活躍した。船内は見学もできレストランなどの施設もある

名したことは間違っていなかったようである。残念ながら鉄道創業時の遺構でもある横井戸は非公開だが、掃部山の崖下からは「鉄道山」からの湧水が今も健在で、鉄道創業時の歴史を秘めて湧き続けている。

鉄道開業150年にあたり、当時の時代にタイムスリップしつつ新橋～横浜間を巡り歩いたが、正直沿線には当時の遺構はほとんど見られなかった。だが、十分味わい体験することができた。昨今の鉄道趣味は「撮り鉄」に終始しているように思えるが、我々がその恩恵に預かっている先人の築いた鉄道の文化に触れることも重要なことだと思った。

イギリス人鉄道技師エドモンド・モレルが眠る外国人墓地、墓は鉄道記念物に指定されている（非公開）

横浜市電の記憶

お洒落な港町として知られる横浜にも、かつて路面電車があった。
市の中心部に総延長50kmを超える路線を有し、
小型電車を多数保有して頻繁運転を実施。
高い利便性が確保されていたが、自動車交通の妨げとみなされるようになり、
1972（昭和47）年の春に全線が姿を消した。

文／池口英司

大江橋（横浜市中区）脇の電車橋を渡る路面電車。後ろには初代横浜駅が見える　画像／横浜市中央図書館所蔵

私鉄として開業した横浜の路面電車

横浜市内を走る初めての路面電車が誕生したのは、1904（明治37）年7月15日のこと。私営の横浜電気鉄道によって、神奈川〜大江橋間2・6㎞が開業した。

これより30年ほど前に新橋（現在の汐留）〜横浜間で日本初の鉄道が開業。それまでは徒歩で1日かかった東京と横浜の間を1時間足らずで結び、その圧倒的なポテンシャルは、すでに多くの人が知るところとなっていた。しかし、蒸気機関車を主力としていた時代の鉄道は、運転や保守、乗務員の養成にも相応のコストが必要とされ、都市内での短距離輸送には不向きな部分もあった。

この弱点を補う交通機関としてまず注目されたのが馬車鉄道で、日本初の馬車鉄道は1882（明治15）年に東京の新橋〜日本橋間で開業している。しかし何といっても馬という生き物の世話に手間がかかり、輸送力も大きなものとはならなかった。

馬車鉄道に次いで台頭したのが電車だった。電気を動力にモーターで車輪を回して走る電車は、安定した定時運行、高速運行を可能にした。雨の日でも風の日でも文句を言わ

1915（大正４）年に高島町駅近くに移転した２代目・横浜駅（横濱停車場）と横浜市電　画像／横浜市中央図書館所蔵

ずに動く電車は、近代的な社会の構築に不可欠の乗り物となったのである。

大都市の市内を走る電車は、日本ではまず１８９５（明治28）年に京都電気鉄道（のちの京都市電）が運転を始め、名古屋電気鉄道（のちの名古屋市電）、大師電気鉄道（後の京浜急行電鉄）がこれに続いた。以後も各地で市内電車の建設ラッシュが起こり、横浜においてもこれを建設しようという機運が生まれたのは当然のことであった。

横浜で電気鉄道の建設免許が出願された時には、人力車業界からの強硬な反対もあり、調整に数年を要したと記録されているが、１９０２（明治35）年には横浜電気鉄道が創立。翌々年に横浜市初の路面電車が開業した。営業運転の開始直後は、物珍しさもあって乗客、見物客が殺到し、営業成績も好調だった。それを裏付けるように、横浜電気鉄道は路線の延伸を始め、１９２０（大正９）年９月には、全線の営業距離が20㎞を超えるに至っている。横浜の中心部から本牧方面への路線延伸に際しては、路面電車には珍しいトンネルも掘削され、これも横浜電気鉄道の積極的な経営姿勢を物語るエピソードとなっている。

しかし、そんな横浜電気鉄道も、大正初期に起こった世界的な不況によって大打撃を受けることになる。経営改善のための運賃値上げも行われたが、これは交通機関の公営化を望む世論を起こす一因にもなり、そのような情勢のなかで協議が繰り返された結果、

横浜駅、桜木町駅を中心にして
高い密度の路線網を展開

横浜電気鉄道は、横浜市によって買収されることになった。１９２１（大正10）年４月１日に、横浜市電気局が発足し、ここに横浜市電が誕生したのである。

震災、空襲により壊滅的な被害を受ける

市電に生まれ変わった後は、路線の整備なども進行。それまでは未舗装の道に敷設されていた線路の回りを敷石で固めて安定化を図り、平らな道路の上に設けられていた停留所は、これも石などを用いて周囲よりも一段高くし、このスタイルは「安全島」「安全地帯」と呼ばれた。

ところで横浜の街は、これまでの歴史のなかで2回、大規模なリセットを強いられた。その１回目が１９２３（大正12）年９月１日の関東大震災である。横浜の市街部が壊滅的な被害を受け、横浜市電も電車75両が消失し、変電所３カ所が全壊するなどの大きな被害が発生している。復旧には路線の延伸用として確保されていた資材が流用され、走れる車両は屋根のないまま運転された。この電車は「バラック電車」と呼ばれた。このような努力が実り、震災発生の一カ月後には一部区間で運転が再開されるなど、横浜市電の復旧は早かったと伝えられている。ただ、深刻な災害の発生が横浜市電の歩みに大きな影響を与えたことは確かで、地震が発生しなければ、横浜市電はより早く、広大なネットワークを完成させていたかもしれない。

そして2回目は、太平洋戦争である。横浜への空襲は終戦までに25回行われ、とくに一番大きな被害を受けたのは１９４５（昭和20）年5月29日の「横浜大空襲」である。大量の爆弾・焼夷弾が降り注ぎ、横浜の町は文字通り焦土と化した。横浜市電では約２００両が在籍していたうちの45両が被害を受けた。また、変電所などの被害も大きく、大空襲後の6月6日には横浜駅～麦田町間が復旧するなど懸命な修復が行われたものの、定時運転を確保することは到底不可能だった。

打越橋下を走る路面電車（上）と、現在の同地付近の様子（下）。軌道は撤去され、路面電車の面影を残すものは残っていない

総延長50㎞を超えた横浜市電の全盛の時代

1945年8月15日に終戦を迎えると、横浜市電の復旧も徐々に進められ、翌46（昭和21）年2月18日には東神奈川駅西口～六角橋間が復旧。その他の区間も順次復旧し、47（昭和22）年8月11日の山元町～長者町1丁目間の復旧によって、全線復旧が完了している。この時代の物資や人手の不足を考えれば、このペースは驚くべきものであったが、ようやく訪れた平和が、働く人々の心を固く結び付けたということだろうか。この年の9月には新たに12系統弘明寺～尾上町～横浜駅前間が運転開始し、これで横浜市電は全12系統・総営業距離は46㎞を超えた。

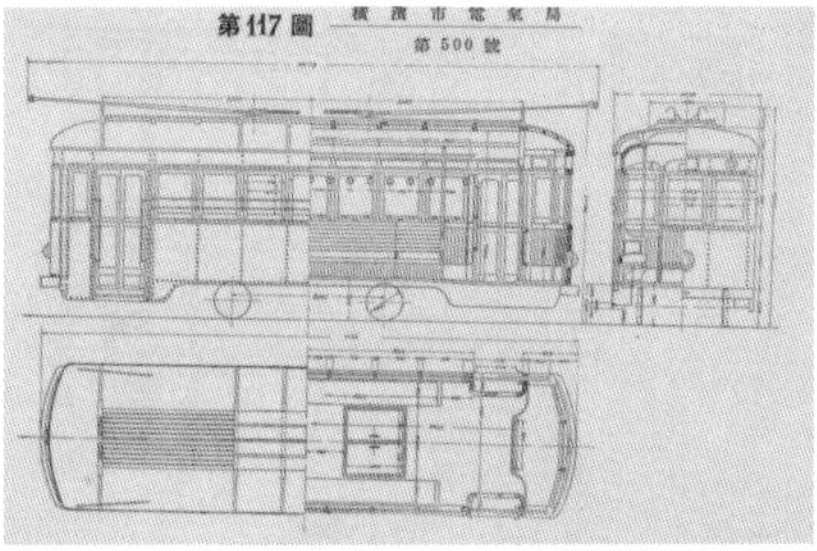

横浜市電500型車両の形式図。1000型と同様、関東大震災の復興事業として1928年に60両を導入。戦後、15両を600型に改造した（『最新電動客車明細表及型式図集』。画像／国立国会図書館デジタルアーカイブ）

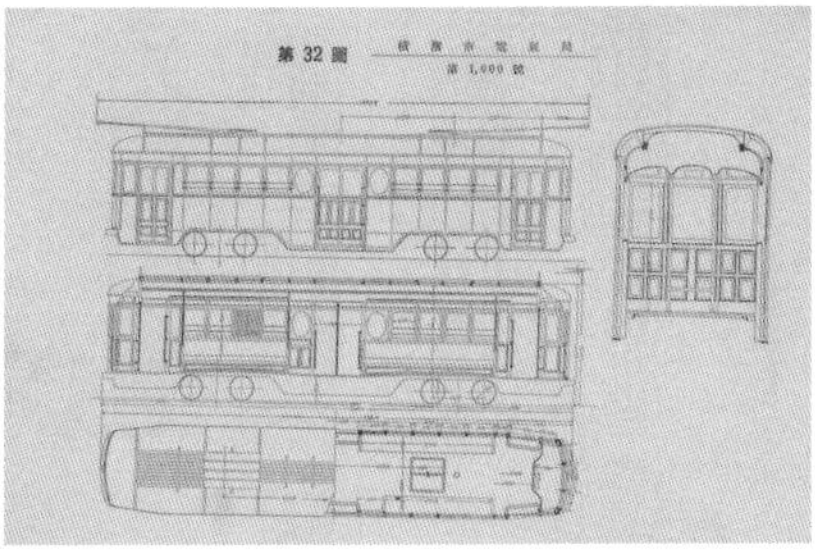

1000型車両の型式図。横浜市電初のボギー車で、1928年の登場から晩年まで活躍を続けた（『最新電動客車明細表及型式図集』。画像／国立国会図書館デジタルコレクション）

　昭和30年代になると、日本の鉄道は社会の安定と経済の成長を背景として大きな飛躍の時代を迎え、横浜市電も順調に路線を拡大していく。1955（昭和30）年に根岸線間門～八幡橋間、翌56（昭和31）年に井土ケ谷線保土ケ谷橋～通町1丁目間が開業し、総営業距離は51・793㎞となり、これが横浜市電最盛のものとなった。停留所の数は135。当時在籍していた車両は181両だった。

自動車の台頭により路面電車の廃止が進む

　都市内の移動には抜群の利便性を誇っていた路面電車も、自動車の台頭にともない凋落の時代を迎える。併用軌道で走る路面電車が、急速に普及した乗用車の通行の妨げと目されるようになったのである。路面電車を廃止しようという議論が高まり、東京オリンピック開催決定によって東京の再開発が検討されるようになったことも追い打ちとなった。1961（昭和36）年7月には、首都圏整備事業計画策定方針によって「都電と横浜市電は撤去に着手するものとする」と指示が出され、東京都電は63（昭和38）年10月から、横浜市電も66（昭和41）年8月1日の生麦線廃止を皮切りに、路線の廃止と軌道の撤去が進められた。道路の中央を占め、スピードの遅い路面電車の廃止は、交通渋滞を解消させ、都市の景観を向上させるものと期待されたのだった。

　路線の廃止は粛々と進められ、最後まで残された6・8・

横浜市電路線図　1955（昭和30）年

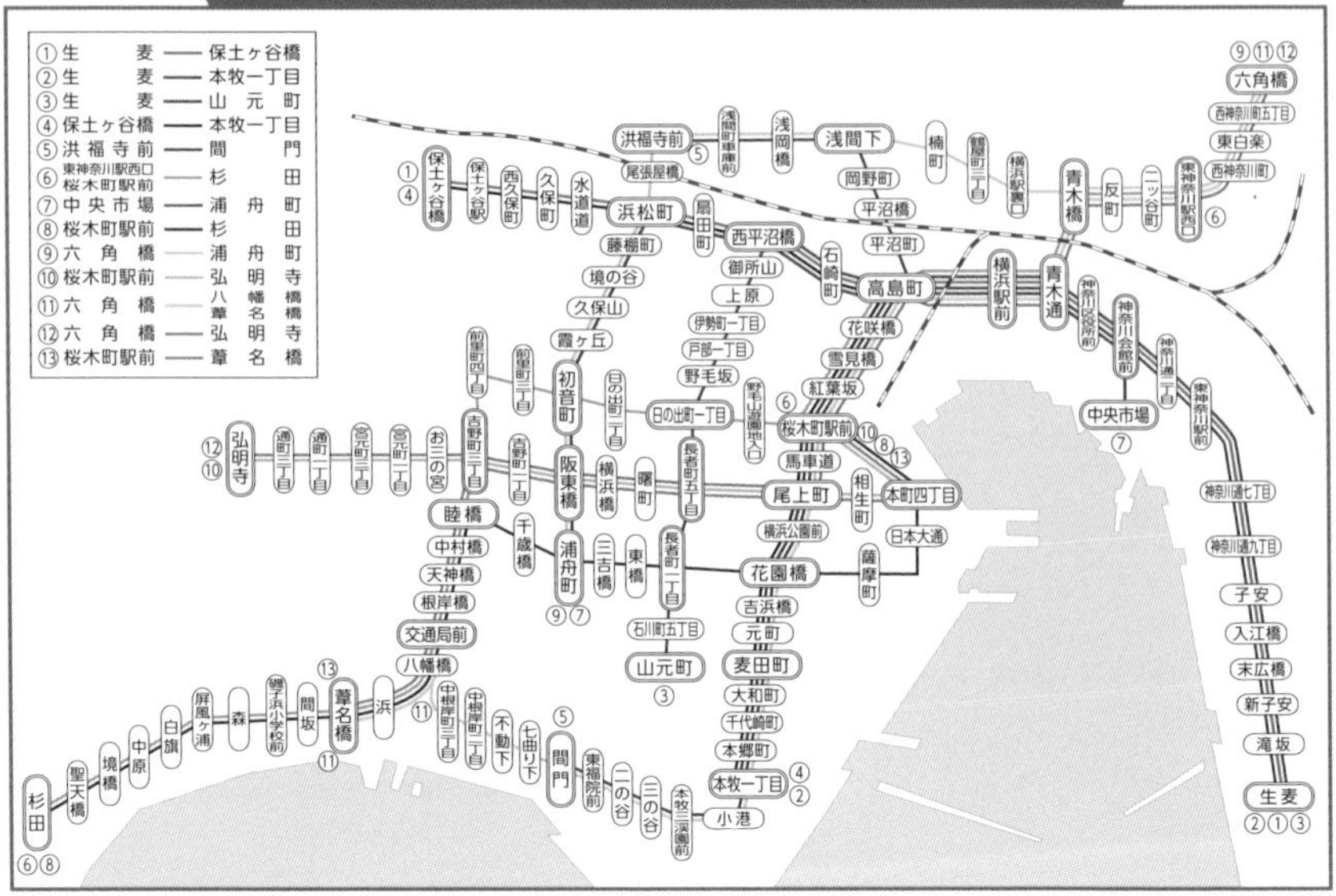

13系統の3路線も72（昭和47）年3月31日限りで廃止に。これで横浜市電はすべて姿を消し、横浜電気鉄道の開業から約70年にわたる横浜の路面電車の歴史に幕を下ろしたのである。ちなみに、59（昭和34）年に開業した市営のトロリーバスも同時に廃止となっている。

路面電車に代わり地下鉄の時代へ

路面電車は、本当に都市の渋滞の元凶となっていたのだろうか？　この問いへの回答は、今はこれを否定するものが多い。長い階段や地下通路を経由せずに乗れる路面電車は、利用者に優しい乗り物として近年再注目されている。2006（平成18）年には富山ライトレールが開業。20

横浜市電のあゆみ

- **1904（明治37）年　7月15日**
  横浜電気鉄道により、神奈川～大江橋間開業
- **1921（大正10）年　4月1日**
  横浜市が横浜電気鉄道を買収し、横浜市電気局を発足
  横浜市電が開業
- **1923（大正12）年　9月1日**
  関東大震災発生。多くの車両を失い1カ月間全線不通に
- **1928（昭和3）年　11月10日**
  横浜市営バス開業
- **1930（昭和5）年**
  震災復興事業が完了
- **1945（昭和20）年　5月29日**
  横浜大空襲で被災。全202両のうち45両を失う

弘明寺線廃止日の様子。新たな交通機関の台頭により、横浜の街を彩った市電は消えていった

市電と入れ替わるように市営交通の主役となったのが地下鉄。一方で、近年は人や環境に優しい交通機関として路面電車が再注目され、新路線も開業している

23年夏には宇都宮ライトレールが開業予定となっている。

横浜市でも、どこか一部の区間だけでも路面電車が残されていたのなら、人にも環境にも優しい乗り物として脚光を浴びていたかもしれない。しかし、現実にはそうはならず、路面電車に代わる新しい乗り物として1972年（昭和47）年に横浜市営地下鉄が登場。現在は総延長53・4キロの規模にまで成長を遂げ、これは全盛時の横浜市電とほぼ同等の営業距離となっている。さらに2030年にを目標に、あざみ野〜新百合ヶ丘間延伸が計画されている。

- **1946（昭和21）年　6月1日**
  横浜市電気局を横浜市交通局に改称
- **1956（昭和31）年　4月1日**
  井土ヶ谷線の開通で最盛期を迎える
- **1959（昭和34）年　7月16日**
  トロリーバス開業
- **1966（昭和41）年　8月1日**
  生麦線、中央市場線廃止
- **1967（昭和42）年　12月18日**
  ワンマン運転を開始
- **1971（昭和46）年　3月21日**
  車掌の乗務を廃止
- **1972（昭和47）年　3月31日**
  市電・トロリーバス全廃

「新橋〜横浜」間時刻表の変遷をたどる

開業以来、鉄道があるところには必ずそこに時刻表が存在してきた。ここでは鉄道発祥区間の新橋〜横浜間に焦点を当て、おもなエポックを取り上げて、その時刻と時刻表の変遷を概観していきたい。

文／木村嘉男

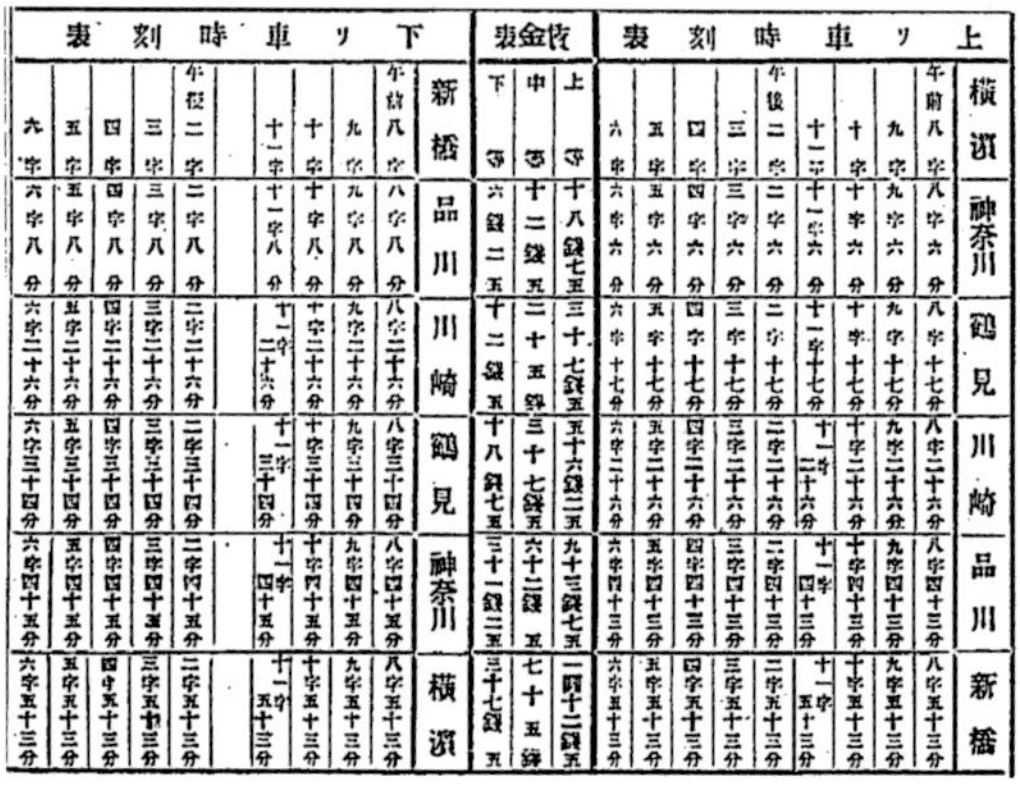

上リ車時刻表

横濱	午前八字	九字	十字	十一字	午後二字	三字	四字	五字	六字
神奈川	八字六分	九字六分	十字六分	十一字六分	二字六分	三字六分	四字六分	五字六分	六字六分
鶴見	八字十七分	九字十七分	十字十七分	十一字十七分	二字十七分	三字十七分	四字十七分	五字十七分	六字十七分
川崎	八字二十六分	九字二十六分	十字二十六分	十一字二十六分	二字二十六分	三字二十六分	四字二十六分	五字二十六分	六字二十六分
品川	八字四十三分	九字四十三分	十字四十三分	十一字四十三分	二字四十三分	三字四十三分	四字四十三分	五字四十三分	六字四十三分
新橋	八字五十三分	九字五十三分	十字五十三分	十一字五十三分	二字五十三分	三字五十三分	四字五十三分	五字五十三分	六字五十三分

賃金表

	上	中	下
新橋	等	等	等
品川	十八錢七五	十二錢五	六錢二五
川崎	三十七錢五	二十五錢	十二錢五
鶴見	五十六錢二五	三十七錢五	十八錢七五
神奈川	九十三錢七五	六十二錢五	三十一錢二五
横濱	一圓十二錢五	七十五錢	三十七錢五

下リ車時刻表

新橋	午前八字	九字	十字	十一字		午後二字	三字	四字	五字	六字
品川	八字八分	九字八分	十字八分	十一字八分		二字八分	三字八分	四字八分	五字八分	六字八分
川崎	八字二十六分	九字二十六分	十字二十六分	十一字二十六分		二字二十六分	三字二十六分	四字二十六分	五字二十六分	六字二十六分
鶴見	八字三十四分	九字三十四分	十字三十四分	十一字三十四分		二字三十四分	三字三十四分	四字三十四分	五字三十四分	六字三十四分
神奈川	八字四十五分	九字四十五分	十字四十五分	十一字四十五分		二字四十五分	三字四十五分	四字四十五分	五字四十五分	六字四十五分
横濱	八字五十三分	九字五十三分	十字五十三分	十一字五十三分		二字五十三分	三字五十三分	四字五十三分	五字五十三分	六字五十三分

開業当時の時刻表。上り・下りともに始発は8時発、8時53分着となっている（『明治5年　法令全書』。画像／国立国会図書館デジタルコレクション）

鉄道開業〜戦中の新橋〜横浜間の時刻表

日本の鉄道は新橋〜横浜間の開業から始まったが、その前1872（明治5）年6月12日（太陽暦、以下同）、品川〜横浜間で先行（仮）開業していた。この時は1日2往復（翌日から6往復）で途中無停車、品川発9時、17時、横浜発8時、16時で両駅間の所要時間は35分であった。その時刻は「鉄道列車出発時刻及賃金表」という1枚ものの時刻表で駅に掲出されてあった。同年10月14日、晴れて新橋〜横浜間が正式開業となり、翌15日（14日は式典のみ）から一般営業が開始された。新橋〜横浜間に1日9往復。時刻は下記①の通り。新橋〜横浜間は所要53分であった。

「湘南電車」として親しまれた国鉄80系電車。昭和50年代から113系への置き換えが進んだが、時刻表上では新橋～横浜間の輸送スピードに大きな変化はなかった

その後、1889（明治22）年には東海道本線が全通し、1914（大正3）年には東京駅が開業。新橋駅は汐留駅となり、烏森停車場が現新橋駅となった。同時に東京～高島町（横浜駅移転にともない大正4年廃止）間に電車の運転も始まった。現在の『JTB時刻表』の創刊は1925（大正14）年4月であるが、この時点での東京（新橋）～横浜（2代目　高島町付近）間の時刻は②の通りである。東海道本線はまだ御殿場経由であり、特急が2往復（いずれも東京～下関間）、急行が6往復、また横須賀線の列車も併載されていた。長距離列車のほか東京～桜木町（鉄道開業時の横浜駅）間の電車は別掲されており、新橋～桜木町間は所要48分であった。

特急が走り出すも時代は太平洋戦争へ

1929（昭和4）年には特急列車に愛称名が付き、翌30年には超特急「燕」も走り出した。特急「富士」「櫻」「燕」で東京～横浜間は25分、ほかの列車（急行、普通）で33～35分であった。

しかし時代はだんだん戦時色が濃くなり優等列車も次々に廃止されていく。1941（昭和16）年にはついに太平洋戦争に突入し、列車本数も削減されていった。そのようななか、1944（昭和19）年12月発行の時刻表が③。東京～横浜間に特急はなく、普通35～38分、京浜線の電車の新橋～桜木町間で40～43分であった。

なお戦中から戦後にかけて

は時刻表の発行は難しくなり、この後、翌45年12月までは全国版の時刻表は1冊も発行されなかった。この44年発行の号が戦前・戦中の最後の号となったのである。

開業時の約3分の1 異次元の新幹線が誕生

「もはや戦後ではない」と経済白書が高らかに宣言した1956（昭和31）年、国内の大動脈・東海道本線の全線電化が完成し東京〜大阪間は特急列車で7時間半にまで短縮された。東京〜横浜間は特急で24分、急行で31分、電車による普通列車では28分となった。また時刻表には表われないが田端〜田町間で山手線と京浜東北線の分離が行われ、両線の運転間隔の短縮が可能になった（時刻表④参照）。以後、東海道本線は東京、大阪という2大都市を結ぶ役割をはじめ、沿線各地域の輸送に最大限の能力を発揮した。しかし増え続ける旅客や貨物の需要は東海道本線の輸送力を上回り、抜本的な輸送改善が待たれていたのであった。

1964（昭和39）年、ついに東海道新幹線・東京〜新大阪間が開業した。横浜では横浜駅や桜木町などから北へ5kmほどのところに駅が設けられ、新横浜駅となった。参考的な数値にはなるが、東京〜新横浜間は19分。別地点ではあるものの、東京〜横浜間は鉄道開業時のほぼ3分の1となり、まさに異次元の鉄道が開業したのであった。

昭和50年代になると、東海道本線は80系から113系に、京浜東北線は72形などの旧型

①鉄道開業

1872（明治5）年
10月15日からの時刻表

下り

新橋	800	900	1000	1100	1400	1500	1600	1700	1800
品川	808	908	1008	1108	1408	1508	1608	1708	1808
川崎	826	926	1026	1126	1426	1526	1626	1726	1826
鶴見	834	934	1034	1134	1434	1534	1634	1734	1834
神奈川	845	945	1045	1145	1445	1545	1645	1745	1845
横浜	853	953	1053	1153	1453	1553	1653	1753	1853

上り

横浜	800	900	1000	1100	1400	1500	1600	1700	1800
神奈川	806	906	1006	1106	1406	1506	1606	1706	1806
鶴見	817	917	1017	1117	1417	1517	1617	1717	1817
川崎	826	926	1026	1126	1426	1526	1626	1726	1826
品川	843	943	1043	1143	1443	1543	1643	1743	1843
新橋	853	953	1053	1153	1453	1553	1653	1753	1853

※ 1925 年以降の時刻表は一部駅・時刻を抜粋

②東京駅の開業と京浜電車の登場

『汽車時間表』1925（大正14）年
4月号(JTB時刻表創刊号)より

東海道線（下り）　※黄色は特急

東京	445	540	550	625		740	815	825	845
新橋	レ	545	555	レ		745	レ	レ	レ
品川	457	553	603	638	〜	753	レ	838	レ
大森	レ	レ	レ	レ		801	レ	レ	レ
横浜	524	620	630	705		823	853	905	923

京浜線（下り）

東京	507	519	531	543
新橋	511	523	535	547
品川	522	534	546	558
大森	530	542	554	605
川崎	538	550	602	614
神奈川	553	605	617	629
横浜	556	608	620	632
桜木町	559	611	623	635

車から103系へと、車両自体の近代化による量から質への改善も行われた。ただ東京～横浜間だけをみれば短い区間であるため、所要時間は旧型の80系で30分、113系で28～30分、京浜東北線の新橋～桜木町間で旧型車37～38分、103系で36～37分などと、時間帯にもよるが、どちらもほとんど差はつかなかった（時刻表⑤参照）。

青函トンネルの開通した1988（昭和63）年3月改正では京浜東北線の日中に初めて快速電車が設定されたが、東京（新橋は通過）～桜木町間はこの頃になるとダイヤ自体が密になっていたこともあり、短縮効果はあまりなかった。なおこの時の東海道本線・東京～横浜間は特急「踊り子」で22分、普通列車で26～28分前後であり、ほぼこのレベルの所要時間が現在にまで続いている（時刻表⑥参照）。

新橋（東京）～横浜（桜木町）間、わずか30㎞弱の距離ながら、この150年では時代に合わせて進歩を見せている。また車両接客面では開業時とは雲泥の差といわれるほどに大きく改善されている。今後も東京、横浜という日本の一位、二位の都市間を結ぶ鉄道が、どのように発展を続けていくか見守っていきたいものである。

③戦時中の時刻表

『時刻表』1944（昭和19）年12月号より

東海道線（下り）　※水色は急行

東京	525	555	625	710	725	755	830	840	910
新橋	529	559	630	714	730	759	835	844	914
品川	538	606	641	722	739	807	843	852	923
横浜	601	628	704	745	802	830	905	914	946

京浜線（下り）

東京	420	440	500
新橋	424	444	504
品川	432	452	512
大森	439	459	518
川崎	447	508	529
東神奈川	459	520	541
横浜	502	523	544
桜木町	505	526	547

④東海道本線全線電化と京浜・山手線分離

『時刻表』1956（昭和31）年12月号より

東海道線（下り）

東京	500	541	～	820	842	850	900	921	930
新橋	505	545		824	845	レ	レ	925	レ
品川	512	551		831	852	レ	レ	931	941
横浜	531	609		850	910	914	924	949	1001

京浜線（下り）

東京	422	442	501
新橋	426	446	505
品川	438	456	517
蒲田	446	504	525
川崎	451	509	530
東神奈川	500	519	540
横浜	503	521	542
桜木町	506	524	545

⑤新型車両の登場

『交通交社の時刻表』1977（昭和52）年
4月号より

東海道線（下り）　※赤が旧型車両

東京	1058	1108	1120	1133	1140	1143	1156	1210
新橋	1101	レ	1123	1136	1143	レ	1159	レ
品川	1107	1117	1130	1142	1149	1152	1205	レ
川崎	1117	レ	1140	1153	1200	レ	1215	レ
横浜	1127	1136	1149	1203	1215	1212	1225	1238

1971（昭和46）年
4月号より（新型車両投入前）

京浜線（下り）

東京	435	453	501
新橋	439	457	505
品川	446	504	513
蒲田	455	513	524
川崎	459	517	528
東神奈川	510	528	538
横浜	512	530	541
桜木町	515	533	544

同6月号より（新型車両置き換え後）

京浜線（下り）

東京	435	453	502
新橋	439	456	505
品川	446	503	513
蒲田	455	513	524
川崎	459	517	528
東神奈川	510	528	538
横浜	513	531	542
桜木町	515	534	545

⑥京浜東北線快速の登場

『交通交社の時刻表』1988（昭和63）年
3月号より

東海道線（下り）

東京	520	546		703	715	721		1640	1648
新橋	523	549		706	レ	725		レ	1651
品川	529	555	～	712	722	730	～	レ	1657
川崎	539	605		723	732	740		レ	1707
横浜	547	613		731	740	748		1701	1715

京浜東北線（下り）

東京	441	454		1031	1036	1040		1545	1549
新橋	444	458		1035	レ	レ		レ	1553
品川	451	505		1042	1044	1048		1554	1600
蒲田	501	514		1052	1055	1058		1604	1610
川崎	504	518	～	1055	1059	1101	～	1607	1614
東神奈川	515	528			1111			1618	1625
横浜	517	531		（鶴見着 1059）	1114	（鶴見着 1105）		1621	1627
桜木町	520	533			1117			1624	1630

第4章

旅を支えた鉄道シーンの数々

多くの旅人を鉄道へと駆り立てた
きっぷやキャンペーンなど、
鉄道シーンの名場面を振り返る。

青春18きっぷと夜行列車

**鉄道旅の定番きっぷとしてすっかり定着した「青春18きっぷ」。
かつては各地にこのきっぷで乗れる夜行列車が健在で、
1日あたりの有効時間0～24時をフルに乗車しより遠くへ、
かつ宿代も節約しながらの旅が気軽にできたのである。
その時代を振り返りつつ、「18きっぷ」の魅力に迫ってみよう。**

文／植村 誠

青春18きっぷの革命的アイデア！

1 破格の値段でJR普通列車が乗り放題！

1枚のきっぷで5回利用することができ、料金は1万2050円（2023年春現在）。
5回を1人で使ってもよいが、同一行程での移動なら5人までのグループ旅行で使うこともできる。

2 多種多様な列車に乗れる！

各駅停車タイプはもちろん、快速列車も含まれるので、「特別快速」「区間快速」「通勤快速」「新快速」と名付けられている列車も青春18きっぷで乗ることができる。

3 1日141km以上利用すれば元が取れる！

1万2050円で5回使えるので、1回（人）あたり2410円以上乗車すれば元が取れる。東京と大阪の電車特定区間内での利用だと、片道141km（2530円）以上、あるいは片道71km（1270円）以上の往復乗車で元が取れる。

裏ワザ 割引サービスがイロイロある！

JR以外の鉄道やバスで、青春18きっぷを提示すると割引運賃になるおトクな特典がある。いずれも運行本数が少ないエリアにあるので、使い勝手がよい。また、JRグループのホテルについても割引価格で宿泊可能。

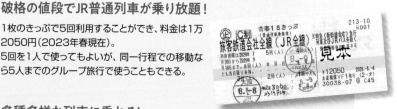

大垣夜行

1968年のダイヤ改正により誕生し毎日東海道線東京～大垣間を1往復していた夜行普通列車、通称「大垣夜行」。この夜行列車は夜行バスのない時代唯一の格安深夜移動だった

伝説の「上諏訪夜行」と驚愕のアルプス広場

その夜、新宿駅5番線ホームにはまばらな人影が見られるだけであった。

「ちょっと、ホームを間違ってんじゃないの？」

「いや、あそこ（発車案内）に上諏訪ゆきって出てるよ」

「でも、こんなに空いてていいワケ？」

１９８５（昭和60）年３月。中学時代からの友人たちと４人で鉄道旅行に繰り出そうとやってきた新宿駅での話である。最初に乗る予定の中央本線４４１M、通称「上諏訪夜行」の超混雑ぶりを伝えられていた私たちは、かなりの時間的余裕をもってその始発駅である新宿駅に着いたのだが、発車ホームには行列どころか乗車口案内前で待つ

ムーンライトながら

普通列車だった大垣夜行の後を継いで登場した、快速「ムーンライトながら」。かつては1日1往復での運行だったが「青春18きっぷ」シーズンの臨時列車となり、ついには廃止を迎えることとなった

人すらいなかったのだ。

「なんだ、楽勝じゃないか」

そんな安堵の声も飛び出したが、ガラ空きホームの謎は間もなく流された構内放送によって解決することとなった。

「23時55分発、上諏訪ゆき普通列車をご利用の方は、ホーム下のアルプス広場が待合所となっています」

慌ててアルプス広場を訪れると、そこには文字通りの大行列が待っていたのである。時刻は21時前。発車まで3時間以上あるというのにこの混雑ぶりとは、この先いったいどうなってしまうのだろう。

発車時刻が近づくと、ハンドマイクを手にした駅員が現われ5番線まで案内。すでに列車が入線していたかどうかは記憶が曖昧なのだが、どうにか4人一緒に車両端のボックス席を確保することができた。セミクロスシートの115系車内は完全な満席で、立客や床で車座になったグループもいる。これが私たちの鉄道旅のスタートであった。

はじめての体験、青春18きっぷの旅

この鉄道旅では、そのころ徐々に話題となっていた「青春18きっぷ」を利用してみた。メンバーの一人が「誰でも使える」という正確な情報をキャッチしてきたのがそもそものきっかけだった。乏しい予算ゆえ近場の格安旅行という意見もあったが、「どん行限定」とはいえ格安なこのきっぷの存在が私たちの行動範囲を広げたのである。

次に出てきたのは「夜行列車を使えば宿代も浮く」という意見で、「上諏訪夜行」と東京〜大垣間の「大垣夜行」を片道ずつ

青春18きっぷで乗れる！人気の観光列車6選

リゾートしらかみ

五能線の絶景のなかを走る人気の観光列車。写真はハイブリッドシステムの新型車両「橅」編成。別途指定席券（530円）が必要

くしろ湿原ノロッコ号

釧路湿原をのんびり走るトロッコ列車。名前の由来は「ノロノロ走るトロッコ列車」だという。2～4号車（展望車）は指定席のため指定席券が別途必要だが、1号車は自由席（普通客車）のため「青春18きっぷ」のみで乗車可能

HIGH RAIL 1375

車内で星空映像が投影されるほか、野辺山駅では停車時間に星空観察会が行われる観光列車。名前の由来はJR線標高最高地点「1375m」から。別途指定席券（840円・通常期）が必要

SL銀河

釜石線を舞台に描かれた宮沢賢治の「銀河鉄道の夜」をテーマとした観光列車。けん引するC58形239号機の老朽化により2023年6月に運行終了。別途指定席券（840円）が必要

SL人吉

特急列車が多い九州で「青春18きっぷ」で乗車できる貴重な快速列車。けん引するのは8620形蒸気機関車。令和2年7月豪雨の影響で、現在は鳥栖～熊本間で運行中。別途指定席券（1680円）が必要

奥出雲おろち号

神話の舞台・奥出雲の山間を走るトロッコ列車。全国的にも珍しい「三段式スイッチバック」はぜひ体験してほしい。こちらも残念ながら2023年度で廃止が予定されている。別途指定席券（530円・通常期）が必要

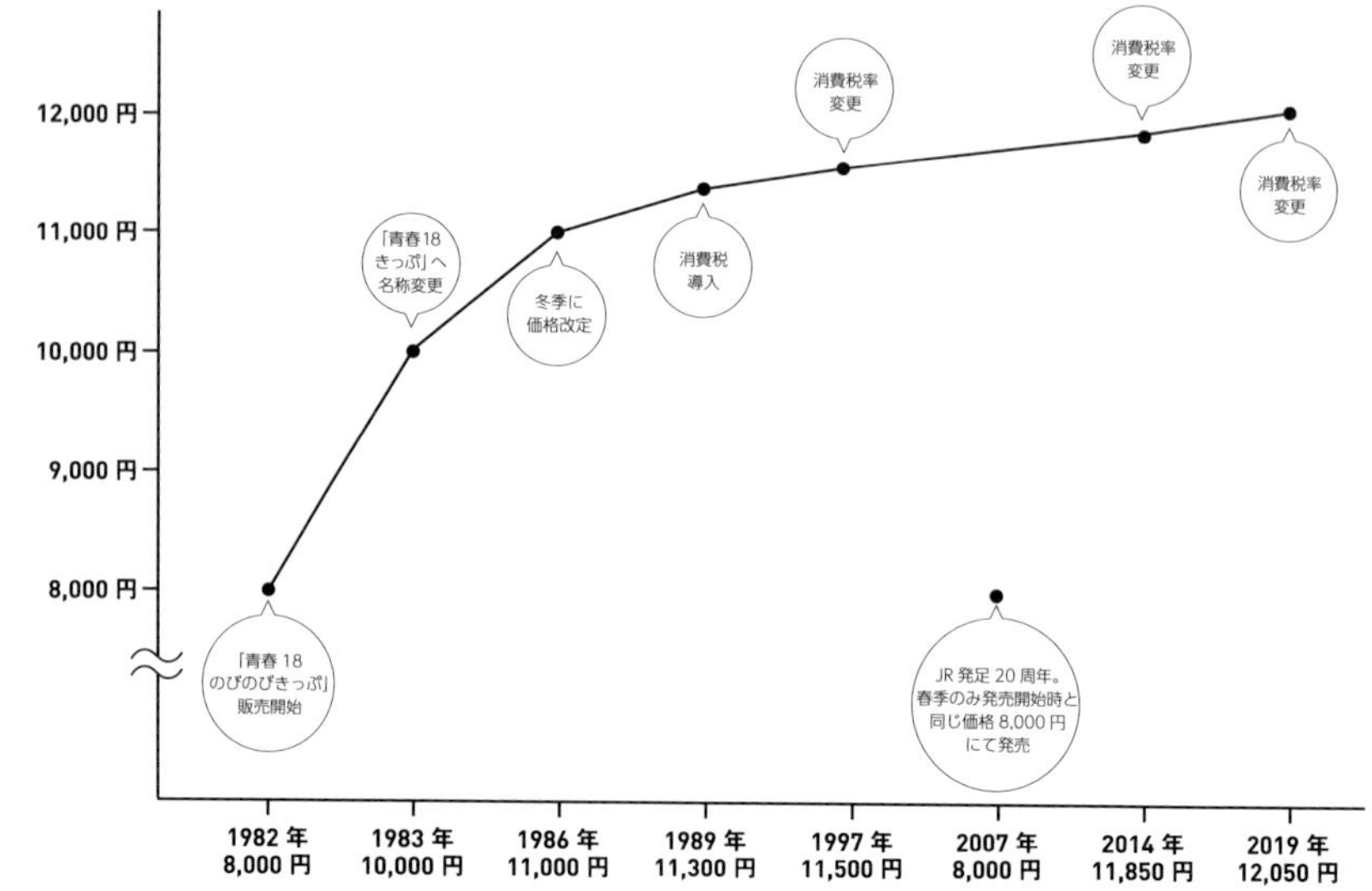

※1982年は1日券3枚と2日券1枚のセットの値段。1983年は夏季用1日券4枚と2日券1枚のセットの値段

乗ろうという話になった。それは、夜汽車と無縁な総武線沿線に住んでいた私たちにとって憧れの旅でもあった。

　こうして私たちは満員——その大半が「18きっぷ」を携えているようだった——の上諏訪夜行で新宿を出発した。途中の大月駅と甲府駅で長時間停車があったが、大月ではいったん列車を離れて町中で営業中のコンビニエンスストアで夜食などを買い込んだ。上諏訪で乗り換えた松本ゆきは165系で、「懐かしの急行列車」——かつて房総各線で活躍していた——に胸が高まったものだ。松本の先は大糸線を北上し、糸魚川から北陸本線を西進して金沢を散策。富山から高山本線に乗り換え、高山散策をしたのち大垣で「大垣夜行」東京ゆきに乗り込み帰路についた。北陸本線の元寝台電車419系との出合いや日本海の絶景、大糸線沿線の北アルプスや仁科三湖の車窓などがいまでも鮮烈な思い出となっている。

夜行へのノスタルジーと新たな旅のアイデアと……

　こうして果たした「青春18きっぷ」デビュー。その後もなにかというとこのきっぷのお世話になった。

　「18きっぷ」で乗れる定期夜行列車も複数路線に健在で、86（昭和61）年夏に臨時の夜行快速「ムーンライト」が新宿〜新潟間に登場、88（昭和63）年夏には函館〜札幌間に快速「ミッドナイト」が新設されるなど、「18きっぷ」で乗ってみたい夜行列車が続々と誕生していた。これは同時に夜行快速の指定席化をともなう動きでもあり、「18きっぷ」旅の定番であった「大垣夜行」

も96（平成8）年3月ダイヤ改正で全車指定席の快速「ムーンライトながら」に衣替えし、その旅にも変化が現われていた。中央本線の夜行普通列車は98（平成10）年5月に廃止され、空白期間をおいた2002（平成14）年12月に全車指定席の臨時快速「ムーンライト信州」が設定された。臨時夜行では「18きっぷ」と合わせた運転日設定も多く、実際に多くの「18きっぷ」ユーザーで賑わっていたものだ。

しかし、「ムーンライトえちご」が14（平成26）年3月、「ムーンライトながら」も20（令和2）年3月にその運行を終了するなど、「18きっぷ」の夜行旅はいまや昔語りになりつつある。だが、〝いま〟のダイヤを上手に乗りこなすのが「18きっぷ」の楽しみだ。言い換えれば「18きっぷ」があるからこそ浮かぶ旅のアイデアもあるハズで、私たち鉄道旅好きにとって宝物のようなきっぷといえないだろうか。

いつまでも「18きっぷシーズン」がやってきてほしい。願わくば、「18きっぷ夜行」の復活にも期待したいと思うのだが……。

細かな価格変化が行われた「青春18きっぷ」

今から40年前に発売が開始された「青春18のびのきっぷ」。「青春18きっぷ」の前身にあたるこのきっぷは1日券3枚・2日券1枚のセットが8,000円、夏季用の1日券4枚・2日券1枚のセットで10,000円だった。

1984年の夏季用から1日券5枚となり、価格は10,000円。その後1986年の冬季に価格が11,000円に改定。1989年の4月に消費税3%が導入されたことを受けて11,300円に改定。2007年にJR発足20周年を記念して春季に発売当初と同じ8,000円として発売されたが、消費税率が上がる度価格も上がってきている。現在は12,050円で販売されているが、果たしていつまでこの価格で発売されるか気になるところだ。

楽しみ方は無限大

周遊券の旅

**かつて鉄道旅の定番アイテムだった周遊券。
現在のフリーきっぷの前身といえるきっぷで、乗り放題エリアだけでなく
発着地～エリア間で途中下車ができるなど、活用範囲の広さも魅力だった。
往時はその指南書も人気を呼んだこのきっぷの素顔を振り返ってみたい。**

文／植村 誠

鉄道旅の必須アイテムだった周遊券ってどういうきっぷ？

ひょっとすると、いまや「周遊券」と聞いてもすぐにピンとこない人がかなりの割合を持つ時代になったかもしれない。ごく簡単にいえばエリアを指定した乗り放題きっぷと発着地～エリア間の乗車券をセットしたきっぷで、現在も一部の企画乗車券にそのスタイルが受け継がれている。

かつて市販の『時刻表』にはさまざまな周遊券が紹介され、全国の国鉄・JR路線をくまなく網羅していた。使い方次第でおトク度が極めて高く、鉄道の旅というとまっ先にこのきっぷを選ぶ旅人が大半だったのではないかと思うのだが、『時刻表』からその文字が消えて久しい。まずは周遊券のあらましをおさ

国鉄時代の周遊券

条件を満たせば、旅客自身が自由に旅程を決めることができるものだった

「国鉄線・鉄道連絡船・国鉄高速バスを営業キロで101km以上利用すること」などのきまりがあった

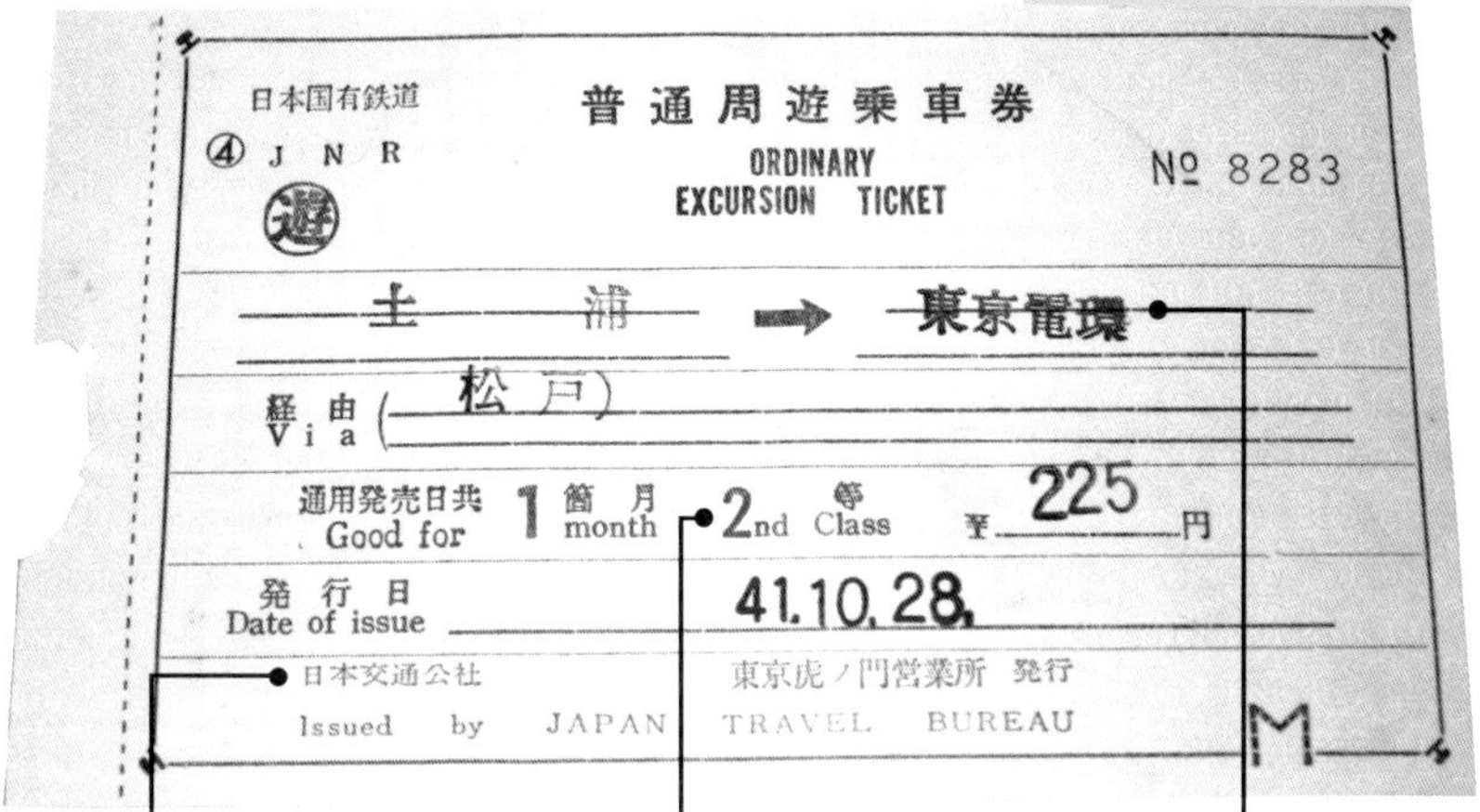

日本交通公社（現 株式会社JTB）によって発行されたもの。普通周遊乗車券は旅行会社でのみ取り扱いされていた

等級制が導入されていた

「東京電環」とは「東京電車環状線」の略

らいしてみよう。

国鉄時代に発売が始まった周遊券は、おおまかにはオーダーメイド型の「一般周遊券」とレディメイド型の「均一周遊券」の2タイプがあった。「一般周遊券」は国鉄が定める一定の条件に則って発売されていた。全国の設定された周遊指定地を2カ所以上を行程に組むこと（特定周遊指定地を訪れる場合は全行程で1カ所で可）が必須条件。同時に、発着地を同一の市町村区とし、国鉄の営業キロで201km（1964年以前は101km）以上とすることのほか、周遊券に含まれる乗車券類（私鉄を含む）を一括購入するなどのきまりごとがあった。なお、国鉄・JRの駅窓口ではなく提携旅行代理店で購入する仕組みであった。

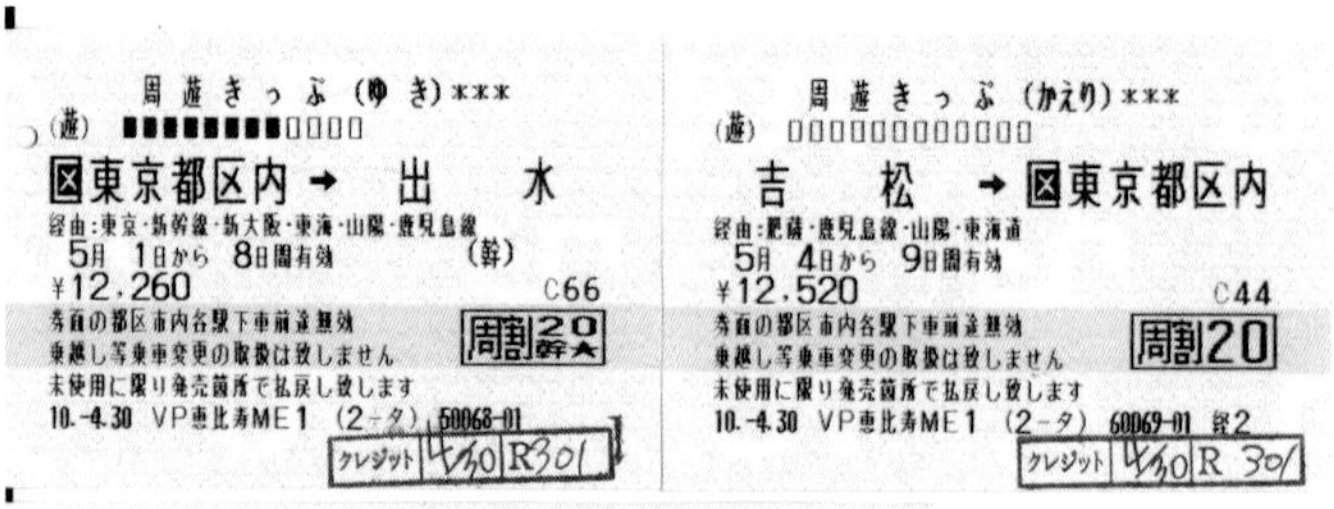

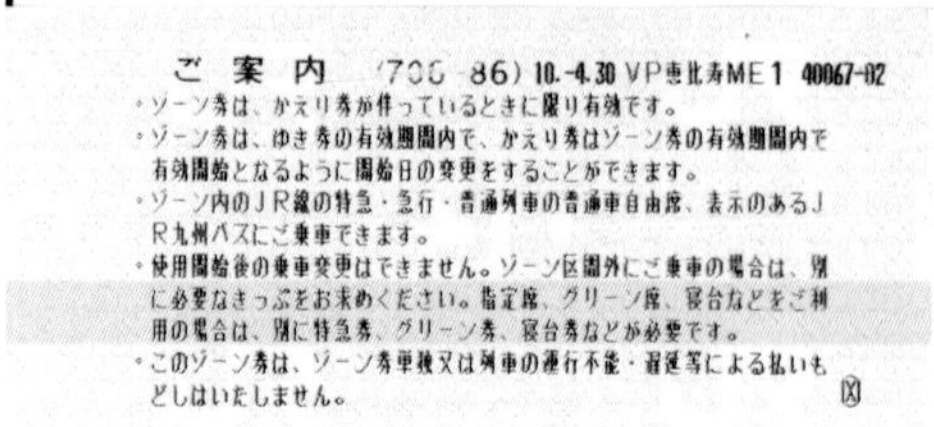

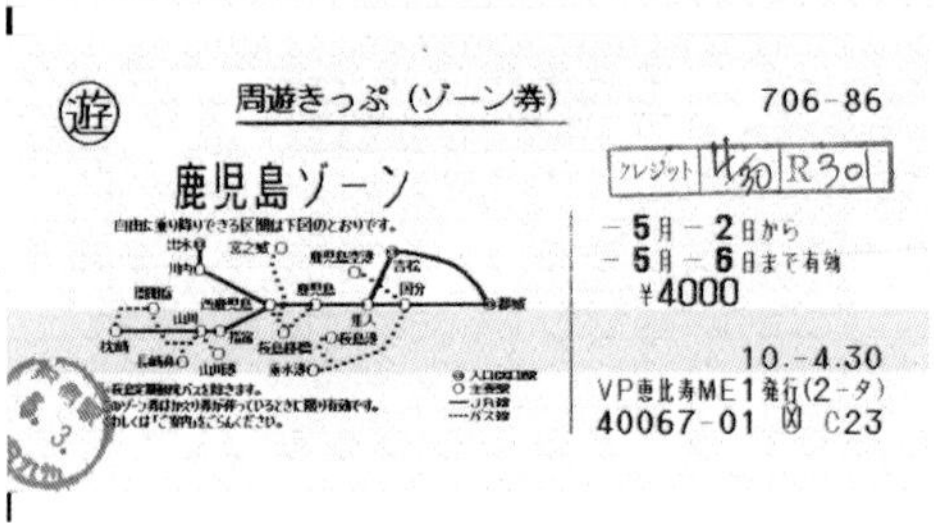

鹿児島ゾーン周遊きっぷ。ゾーン周遊きっぷの試行版と思われる企画乗車券

使いやすさも魅力だった「ワイド・ミニ周遊券」

ポピュラーな存在だったのはレディメイド型のほうだろう。北海道や東北、四国、山陰、九州など広範囲の乗り降り自由エリア（自由周遊区間）とする「ワイド周遊券」と自由周遊区間をコンパクトにした「ミニ周遊券」がメインで、いずれも発着地と自由周遊区間との間で複数の経路が選べ、往復で異なる経路とすることも可能だったため、経路上での途中下車を含めるとかなりの広範囲を格安に乗りこなすことができた。また、「ワイド周遊券」では自由周遊区間の特急・急行自由席が、「ミニ周遊券」では同じく急行自由席が追加料金なしで利用できるなど、自由度の高いきっぷだったのである。片道に空路を利用できる「立体周遊券」（のちに「ニューワイド周遊券」）が北海道と四国、九州に設定されていたほか、「一般周遊券」のレディメイド版の「ルート周遊券」があり、立山・黒部など著名観光ルートを中心に発売されていた。

　私もこの「ワイド・ミニ周遊券」の愛好者の一人であった。学生時代は「青春18きっぷ」が頼もしい相棒だったが、社会人になってからは周遊券の出番が多くなったのである。まとまった休暇が取れなかったため、ひところ凝っていた北陸めぐりに使った「北陸ワイド」と出張で愛用した「東北ワイド」を除くとミニ周遊券が圧倒的に多かった。

　周遊券をよりおトクに使うための工夫が愛用者らによって編み出され、私自身もあれこれ工夫したものだ。一度は、中２日で再び「東北ワイド」エリアに入る予定があったため、自由周遊区間の出口駅から東京都区内ゆき乗車券を特急車内で購入し、改めて自由周遊区間入口駅までの乗車券を購入し二度使いしたことがあった。車内や駅窓口でその可否を訊ね「問題なし」との答えをもらったうえでの作戦だったが、いま振り返ると微妙な感じがしないでもない。

　ミニ周遊券で出番が多かったのは「函館・大沼ミニ」と「京阪神ミニ」あたりだろうか。「京阪神ミニ」では、往路に関西本線沿線の知人宅を訪れ、木津で自由周遊区間に入ったのち大阪や神戸などを散策したり、東京との往復を当時走っていた急行「銀河」の寝台車で過ごしたりした。九州遠征の際には「福岡・唐津ミニ」や「鹿児島・宮崎ミニ」を利用している。

「周遊きっぷ」の登場と周遊券時代の終焉

　既存の周遊券と異なる乗り放題きっぷを利用する機会も増えていた。ＪＲ東日本が発売した「ウィークエンドフリーきっぷ」などの自社エリア乗り放題きっぷである。このきっぷの有効期間は土・日曜日の２日間で、勤め人にも利用しやすかった。当初は１万５０００円。同社の特急自由席も利用できたが、復路を寝台特急とすることで、実質３日間の鉄道旅を楽しむことが多かった（上野に着いてそのまま出勤）。

　周遊券に変化が生じたのは１９９８（平成10）年４月。ＪＲが新たに「周遊きっぷ」を打ち出したのである。最大の特徴は予め設定された全国67カ所の周遊ゾーンとセットする行き帰

2013年の周遊ゾーン

周遊ゾーン	値段	周遊エリア
北海道ゾーン	20,000円	● JR北海道／JR北海道全線　※本州内の海峡線を含む ● JR北海道バス／北海道内全線　※札幌 ～旭川・帯広・紋別・えりも・広尾間の都市間バスとキロロリゾート線、臨時バス路線を除く
東京ゾーン	4,000円	● JR東日本／東海道本線東京～大船間　※大井町経由および西大井経由、東北本線東京～大宮間　※王子駅経由および尾久経由、川口・浦和経由および戸田公園・与野本町経由、中央本線神田～代々木間・新宿～高尾間、常磐線日暮里～取手間、総武本線東京～佐倉間・御茶ノ水～錦糸町間、八高線八王子～拝島間、外房線千葉～蘇我間、成田線佐倉～成田～我孫子間、山手線・赤羽線・南武線・鶴見線・根岸線・横須賀線・横浜線・青梅線・五日市線・武蔵野線・京葉線全線。 ●東京臨海高速鉄道／全線 ●東京モノレール／全線
京阪神ゾーン	3,700円	● JR西日本／東海道本線京都～神戸間、山陽本線神戸～明石間・兵庫～和田岬間、山陰本線京都～亀岡間、福知山線尼崎～宝塚間、阪和線天王寺～日根野間・鳳～ 東羽衣間、関西本線木津～ JR難波間、和歌山線王寺～五条間、大阪環状線・桜島線・JR東西線・片町線・奈良線・桜井線・関西空港線・おおさか東線全線 ●嵯峨野観光鉄道／全線　※事前の座席指定が必要 ●西日本JRバス／高雄・京北線京都～栂ノ尾間、大阪・三ノ宮～東浦・洲本間
四国ゾーン	12,500円	● JR四国／ JR四国全線※本四備讃線を除く ●阿佐海岸鉄道／全線 ●土佐くろしお鉄道／全線 ● JR四国バス／四国全線※高速バスを除く
九州ゾーン	14,000円	● JR九州／ JR九州全線※山陽本線・九州新幹線を除く ● JR九州バス／九州全線※福岡～宮崎・鹿児島間の高速バス・桜島定期観光バスを除く

りの乗車券の経路を任意に設定できることであった（片道２０１km以上が条件で、２割引）。レディメイドとオーダーメイドの折衷型といえるが、私は同年５月に「鹿児島ゾーン」で肥薩線や指宿枕崎線などを探訪。「トワイライトエクスプレス」を利用する際に行き帰りの経路が自由というルールを活かし、片道を山科（京都）経由とするなど「周遊きっぷ」の出番も増えていった。しかし、この「周遊きっぷ」も２０１３（平成25）年春を最後に姿を消してしまった。

その後もＪＲをはじめとする多くの鉄道会社で乗り放題型きっぷを発売しており、周遊券的な鉄道旅ができなくなったわけではない。だが、一部を除くと年を追うごとにＪＲ各社間の垣根が高くなり、かつてのような国鉄・ＪＲグループ各社の列車を乗継いだ周遊旅行がしづらくなってきたのも事実。各社合同による現代の周遊券の登場を期待したいものである。

周遊きっぷの旅から新しい旅のスタイルへ

1980年、国鉄時代には724万人の利用があった周遊券も、JR発足後の1996年には324万人と半数以下に減少していた。そのため制度を変更し1998年から「周遊きっぷ」として発売を開始した。しかし当初67ヵ所設定されていた周遊ゾーンは年々減少を続け、2002年度には約13万枚だった売り上げが2011年度には約4万8000枚に落ち込み、2013年3月31日に発売が終了されたのだった。

ここで2013年3月31日発売終了時点の周遊ゾーンを見てみよう。右ページの表は一部を抜粋したものだが、幅広いエリアのゾーンが設定されていたことがわかる。

現在でも各社から「フリーパス」や「フリーきっぷ」が発売されているが、国鉄からJR６社に分割され、さらに第三セクターと運営会社が異なるため、さまざまな地域を1枚のきっぷで乗り継いでいくことは不可能だ。もう以前のような周遊きっぷの復活は望めないかもしれないが、現在はLCCや格安高速バスの登場で組み合わせによってお得に旅ができる時代となっている。周遊きっぷの復活を期待しつつ、新たな旅のスタイルを見出していきたい。

駅スタンプの古今東西

鉄道旅をしている際、つい探してしまう駅スタンプ。その歴史は1931年と今から約90年前にさかのぼる。「国鉄時代」にブームとなり、数多く登場したさまざまな駅スタンプについて解説しよう。

文・写真／坪内政美

現在の駅スタンプ。スタンプのインクカラーもバリエーションがあり、スタンプ帳を眺めているだけでも楽しめる

1970年「DISCOVER JAPAN」スタンプ

1970年に開催された日本万国博覧会いわゆる「大阪万博」開催終了後の翌月となる10月14日の鉄道の日から、個人旅行客や女性旅行をターゲットとした国鉄の増大キャンペーン「ディスカバージャパン」の一環として全国1400ヵ所の国鉄駅やバスターミナル駅、鉄道連絡船船内などに設置。独特な矢印マークとともに刻まれた「DISCOVER JAPAN」とともに、最寄りの観光名所を紹介するスタンプだった。

狩留家駅

石鎚山駅

中判田駅

比婆山駅

南延岡駅

旅に欠かせない奥深き駅スタンプの世界

日本の鉄道において、忘れてならないのが駅スタンプの存在だ。そもそも駅スタンプが日本で最初に設置されたのは、1931（昭和6）年の国鉄北陸本線福井駅とされており、当時の駅長さんが、旅の記念になるものをと福井の名所である永平寺などを取り入れた絵柄を駅員たちと考え、駅への来訪日が同時に印字される、今でいう郵便の消印のようなスタンプを製作し、旅客に旅の思い出として楽しんでもらったという。いうなれば、この駅長さんや駅員さんたちがいなければ、大袈裟なハナシになるが今日の駅スタンプは、なかったのではないだろうか？

　およそ90年前、おもてなしの意味で製作された一個の駅スタ

1977年
「一枚のきっぷから」スタンプ

ディスカバージャパンの成功により続編として展開された「一枚のきっぷから」シリーズは1977年1月より新たに297駅に設置。そのころには広く利用されるようになった周遊券の拡大や、山陽新幹線岡山・博多駅開業に加え、エル特急と呼ばれる昼間特急列車の増便により個人旅行客の獲得に貢献。その後立て続けに展開した国鉄の旅行誘致「いい日旅立ち」は山口百恵がキャンペーンソングを歌ったことでも知られる。

足尾駅

寄居駅

阿波池田駅

ンプから始まり、それが近隣駅に波及していった。結果、国鉄がそれに注目し、大阪万博開催をきっかけに鉄道での国内旅行が盛んになったことを背景に個人旅行客、とくに女性の鉄道旅行客拡大を狙った１９７０（昭和45）年の大型キャンペーン、「ディスカバー・ジャパン」の目玉として駅スタンプ（通称ＤＪスタンプ）を約１４００駅に設置。これが日本人特有の収集癖を見事にとらえ需要が拡大。オリジナルのスタンプ帳や関連グッズも次々に発売された。その後77（昭和52）年には「一枚のきっぷから」シリーズとして２９７駅に、さらに80（昭和55）年にも約７４０駅に「わたしの旅」スタンプと大きく3回の施策で一気に拡大。そして、87（昭和62）年国鉄から民営化されたＪＲへと、スタンプはそれを踏

スタンプよもやま話

スタンプ帳あれこれ

駅スタンプ関連グッズのなかで、なくてはならないのがスタンプ帳。当時の国鉄スタンプが基本的なスタンプの大きさ縦横8cmと決まっていたため商品化しやすく、1970年の大型キャンペーン「ディスカバー・ジャパン」でのＤＪスタンプ設置後に国鉄監修の「スタンプノート」の発売が始まったのをきっかけに、ロングランで交通新聞社が販売。以前は駅のキヨスクに常備的に並んでいた。今日ではさまざまな出版社がスタンプ帳の製作、販売を行っている。

スタンプ帳は「無印良品」のダブルリングノートを愛用中。左は私が監修したＪＴＢ版スタンプ帳

わたしのスタンプ台

香川県・予讃線丸亀駅にある現役机。まさしく740分の1。末永く活躍してほしいものだ

木製の三角屋根の付いた重厚な机を駅で見たことがないだろうか？　これは、1980年に、国鉄が企画した大規模なスタンプラリーで、認定駅740ヵ所に配置された「わたしの旅」スタンプ専用台である。あれから約40年！　時代は国鉄から民営化されＪＲとなり、とにかく場所を占領してしまうスタンプ机は徐々に撤去や解体の運命にされたが、駅によっては、まだ現役で頑張っているものや、駅無人化や劣化により肝心の駅スタンプが撤収後にパンフレット置きなど、ほかの任につくもの、そのまま放置され朽ちてゆくものと、その運命もスタンプ同様、さまざま。嗚呼、わたしの旅スタンプ台！

襲しさらに増大。その影響は大きく、これまでなかった多くの私鉄や地下鉄までもオリジナル駅スタンプを設置。その数は、現在ある日本の鉄道駅、約９２５０駅のおよそ半数を占めるのではないかといわれ、今となっては、もはや正確な数字が把握できない数にまで成長した。また、今日において「駅スタンプ」は、衰退するローカル鉄道路線での利用促進策として、スタンプラリーイベントで欠かせない存在ともなっており、かつて存在した駅スタンプ、とくに人気でなじみのあった「わたしの旅」のスタンプを復刻させたスタンプラリーイベントが盛んに実施されている。

　あらためて奥が深く、旅をする者にとって誰もが楽しめる、なくてはならない一つの旅アイテムとなった「駅スタンプ」は、その駅へ、その土地へ来た証だけでなく、その時の思い出をも綴るアルバムのようなものだ。

1980年「わたしの旅」スタンプ

1980年、旅の目的を駅スタンプ収集とした大型キャンペーンを展開。内容によって形・色が統一され、縁どりに「★」のマークが起用されたおなじみのデザインとし、全国の国鉄認定駅740ヵ所に配置された。また、これに合わせるように、「いい旅チャレンジ20,000km」という242線の国鉄全路線約2万kmを走破する鉄道ファン向けの大型企画も開始、スタンプラリーの先駆けとて定着した。下は現在も残っている貴重な駅スタンプの一例。

土佐山田駅

鴨島駅

伊達紋別駅

植木駅

貞光駅

釜石駅

臼杵駅

旭川駅

上川駅

玉名駅

久慈駅

津久見駅

長井駅

森駅

宇土駅

竜田口駅

白河駅

鉄道とともに歩んだ駅弁

～鉄道食文化小史～

今や旅のおともに欠かせない存在となっている駅弁。各社工夫を凝らし
さまざまな種類が販売されているが、その歴史はどのようなものだったのだろうか。

文／沼本忠次

左／いも弁当が入った袋（大友家所蔵）
右／昭和30年頃の甲府駅「米倉」の駅弁。値段は当時30銭だった

鉄道開業から13年後に発売した駅弁

駅弁といえば、どこか懐かしく誰もが一度は食べたことがあると思います。地方の特産物を使って、郷愁や懐かしさを演出し、その数多くの思い出があの小さな小箱の中にギュッと詰まっているのが駅弁なのです。鉄道が開通して１５０周年を迎えました。鉄道とともに歩んだ駅弁が誕生し１３８年を迎えました。駅弁は世界でも類を見ない、日本独自の「鉄道食文化」と言えるでしょう。

その駅弁の歩みをここでご紹介しましょう。ご存知のように、日本で最初の鉄道が開通したのは、１８７２（明治５）年、新橋～横浜間で、その後大阪～神戸・京都～大阪間が続いて開業しました。しかしまだこの頃は距離も短く、旅客への食事のサービス提供はありませんでした。

89（明治22）年7月1日、東海道線が新橋～神戸全通、所要時間20時間。さらに91（明治24）年に私設鉄道の日本鉄道会社（現JR東日本東北線）が上野～青森まで全通。所要時間は26時間となりました。このように長時間乗車する機会が増えたことによって、旅客のサービス上、食事の必要性は高まります。「旅情を彩る旅の友」の駅弁は、どのようにして誕生したのでしょうか。

駅弁誕生には諸説ありますが、一般的には85（明治18）年7月16日、当時私設鉄道であった日本鉄道会社（現JR東日本東北線）が宇都宮まで延伸した当時、宇都宮で旅館「白木屋」を営んでいた斉藤嘉平が鉄道会社からの要請によって初めて駅弁を発売したと言われています。その当時の駅弁は、おにぎり2個に黒ごまをまぶし、たくあんを2切れ添えて、竹の皮に包んで5銭で販売したのが始まりとされています。

おかずは13種類で12銭 姫路駅で販売開始

駅弁の始まりはおにぎりスタイルが主流でした。しかしその後89（明治22）年、姫路駅で初めて折木の箱に入った豪華な駅弁が販売されました。価格は12銭でとても高価な食べ物だったそうです。販売した「ひさご」のルーツを持ったまねき食堂は、経木箱入り幕の内弁当の元祖とされています。

鉄道の路線がさらに延伸すると、駅弁を販売する駅も増加しました。弁当の種類も幕の内弁当のような普通弁当に加えて、その地域の食材を用いた特殊弁当が登場しました。97（明治30）年には静岡駅の「鯛めし」、宮島駅「あなごめし」、土浦駅の「鰻丼」などが相次いで登場。大船駅では当時珍しい鎌倉ハムを使った「サンドウヰッチ」などの洋食メニューも登場しました。

宇都宮駅のおにぎり（再現模型）

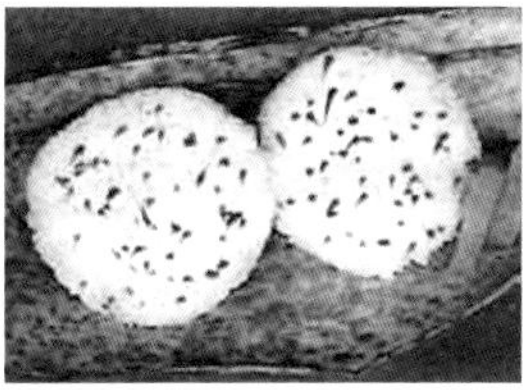
宇都宮駅の駅弁（再現模型）

かつて日本人は人の前で物を食べない習慣があり、駅弁も一般の人のなかでは浸透しませんでした。しかし、洋食などの登場によって、食スタイルにも変化が現れたのです。

時代は20世紀に入ろうとするなか、日清・日露戦争を経て日本は戦争へと向かいます。主要駅には軍の拠点が設置され、駅弁は〝軍弁〟、軍隊弁当として広がっていきました。主要駅から多くの部隊が戦地に向けて鉄道で出兵しました。それにともない駅弁業者は、軍部の要請により昼夜を問わず多くの弁当の注文を受けます。この軍弁は太平洋戦争の終わりまで続けられました。駅弁業者は軍弁で国に奉仕します。残念ながら、この軍弁の中身は不明です。

１９３８（昭和13）年「国家総動員法」が制定され、生活のすべてを戦争に捧げる総力戦が始まりました。鉄道も旅客列車から軍事優先の貨物輸送が増えていきます。当時の駅弁の掛け紙を見ると「国民精神総動員」とか「戦ひ抜こう大東亜戦」など戦意高揚の標語が印刷されています。さらに39（昭和14）年は「米穀配給制度法」で業務用特配は打ち切られ、駅弁業者は苦難の時代へと突入するのです。

41（昭和16）年12月、太平洋戦争が開戦し、さらに43（昭和18）年以降は食糧事情の悪化に拍車がかかりました。しかし駅弁業者はさまざまな工夫を凝らし「代用食弁当」を販売します。配給のイモを2〜3個入れた「芋弁当」や、ニンジン・昆布など入れ混ぜた「鉄道パン」、うどん、野菜を細かく刻んで入れた「混麺・混米弁当」などを作り、それまでは想像もできない超粗食でしたが、食べられるだけでもマシという時代でした。

そして終戦――新たな時代に向けて出発

やがて終戦を迎え、軍は解体され長く続いた軍弁の歴史も終わります。戦後は戦中よりも食糧が厳しい時代が続き、46（昭和21）年駅弁業者の民主的機関である鉄道業務中央会（現・一般社団法人日本鉄道構内営業中央会）が設立。長きにわたった苦況を生き抜いてきたのです。

駅弁業者は、米の産地と交渉し、「等外米」を使った弁当作りを続け、復興から成長期に向けて歩み始めました。しかしまだこの頃は戦前から続いていた「外食券」がないと食べられない時代でした。

戦後の鉄道は運輸通信省鉄道総局が業務を管轄していましたが、49（昭和24）年、鉄道は新たに公共企業体（日本国有鉄道）として発足。昭和30年代に入り、世の中も落ち着きを取り戻し、56（昭和31）年の経済白書の「もはや戦後ではない」という言葉に勇気づけられ、日本は高度経済成長期に入っていきます。鉄道も戦争による技術進歩の遅れや運転施設の荒廃から、旅客貨物の近代化に向けて複線化、電化、無煙化、スピードアップ、サービスの改善などの施策を進めていきました。その結果、鉄道は昭和30年代から40年代初頭にかけて黄金期を迎えることになります。ビジネス特急「こだま」、特急「つばめ」「はと」「富士」をはじめとした、寝台列車なども数多く運転されました。駅弁業者も鉄道輸送の追風を受けて順調に業績を伸ばしていきました。ようやく生活のなかにも徐々に余裕ができて、レジャーブームの時代に進んでいくのでした。

駅弁業者もこれに乗り遅れないようにと、地元の食材を使った特殊弁当が相次いで登場。荻野屋（群馬県）の「峠の釜めし」、崎陽軒（横浜市）の「シウマイ弁当」などが誕生し、今もロングセラーとして人気を博しています。

昭和30年代後半から40年代初頭にかけて全国で駅構内営業者の数は430軒ほどあり、鉄道と足並みをそろえるように構内営業も黄金時代でした。

1964（昭和39）年10月1日、東海道新幹線が東京～新大阪間で開業。同年10月10日に東京でアジア初のオリンピックが開催されるなど、日本が世界に向けて躍動した年でした。

その後68（昭和43）年10月1日「ヨン・サン・トウ」白紙ダイヤ改正が行われ、旅客営業列車6万㎞を増発。その先の大阪万博を見据えて新幹線「ひかり」号が全車16両化。さらに優等列車の増発。スピードアップ、サービスの向上、みどりの窓口の設置、長期的な鉄道設備をはじめ車両保安などを策定しました。70（昭和45）年3月15日～9月13日までの183日間、大阪吹田市の千里丘陵で日本万国博覧会が開催され、期間中

昭和40年代の駅構内の様子。左上／新幹線岡山開業時　左中央／新幹線ホームの弁当売店　左下／駅ホームのそば店　中央／駅のホーム（中央会所蔵）　右上・右中央／仙台駅ホームの売店　右下／駅構内の食堂

6400万人が来場。そのうち約35%にあたる2200万人を国鉄が輸送し、うち約900万人を新幹線が輸送しました。弁当の掛け紙には万博のシンボルマークが印刷され、大会の盛り上げに一役買ったのです。

大阪万博が終了した後、国鉄は旅客の集客をどのようにするかが課題でした。そこで鉄道を利用して、旅へと誘うムードキャンペーンを開始。皮切りとして同年10月から「ディスカバー・ジャパン」がスタートし、日本の広告史を変える一大キャンペーンが始まりました。

このキャンペーンは7年間続き大成功でした。続いて「一枚のきっぷから」「いい日旅立ち」「エキゾチックジャパン」と民営化まで続きました。どれも旅を楽しむ若者に大変好評を得たのです。これらのキャンペーンにも駅弁業者は掛け紙に万博と同様にロゴを印刷することで、キャンペーンを盛り上げ、駅弁業界にとっても大きな追風となりました。

有名百貨店で「駅弁大会」が開催

昭和30年末期から昭和40年代に向けて、有名百貨店において駅弁大会が開催されるようになりました。いわゆる「駅弁甲子園」と言われ、全国の有名駅弁が一堂に介して販売。実演駅弁、輸送駅弁、復刻弁当や、毎年テーマを決めて○○対決などを行います。なかでも有名なのが京王百貨店新宿店の「元祖有名駅弁と全国うまいもの大会」。今年で58

回を催行しました。

しかし、時代の変化とともに駅弁業界においてもその追風は長くは続きませんでした。昭和50年代に入ると、モータリゼーションの発達と高速バス、航空機の進出によって鉄道離れが加速しました。また、この時代に外食産業が台頭しコンビニエンスストアの弁当の普及、安価なファストフードの進出、さらに東北、上越新幹線の開業などがあり、駅においても優等列車の増発によって駅弁の主力であったホームでの立ち売りも姿を消していきます。

新規参入で活性化する市場

やがて1987（昭和62）年日本全国総延長2万3000㎞の路線を誇っていた国鉄も、時代の変化に対応しきれず公共企業体としての幕を閉じ、6つの旅客会社と貨物会社に分割されました。この出来事は明治5年から始まった115年目の鉄道にとって大改革でした。この国鉄改革において、駅弁最大のターニングポイントが市場開放で、従来は国鉄構内営業中央会の会員のみが駅弁の販売をしていましたが、民営化によってJRの承認を受ければ駅弁を販売することが可能となります。これは消費者にとってより多くの選択肢ができることになりましたが、駅弁会社においては競争がさらに激化していったのです。

駅ナカから駅ソト事業に活路を見出す

民営化後、JRの主要ターミナル駅では、全国の有名駅弁を一堂に取り揃え、集中的に全国各地の味を提供しています。駅弁会社は地方で販売が伸び悩むなか、今まで地元の駅でしか食べられていなかった駅弁は、ビジネスの幅を広げました。地元の大学と食のコラボをして駅弁のグレードアップを図ったり、弁当の容器も工夫して再利用できる楽しみをもたせたり、弁当に付加価値をつけたり、冷めてもうまさが持続する弁当の開発や、試験的ではありますが外国において「EKIBEN」として日本の駅弁のマーケティング販売などを行ってきました。さらにビジネスの幅を広げるために地元病院、介護施設などに供食の提供、また学校給食の支援、週末でのスーパーマーケットに駅弁の出店などをして、駅弁会社は生き残りをかけた新しいビジネスに果敢に挑んで来たのです。

近年、駅弁事業者の経営者も世代交代の時代に入りました。若い経営者に大きな可能性が秘められ、駅弁業界の発展が期待できるでしょう。

沼本 忠次（ぬまもと・ただつぐ）

1947年 静岡県出身。1966年に日本国有鉄道に入社し東京電気工事局や国鉄本社施設局管理課などに勤務。国鉄分割民営化に伴い、ＪＲ東日本入社。旅行業務やＪＲ横浜線内で駅長などを務める。2009～2020年まで（一社）日本鉄道構内営業中央会にて事務局長を務める。（一社）日本交通協会会員、（公財）交通道徳協会八王子支部八王子鉄道少年団副団長。著書に『旅鉄Biz名物駅弁秘話』（天夢人）がある。

第5章

十人十鉄の鉄道150年物語

― 著名人の物語 ―

鉄道の記憶は人それぞれ。
文章で写真で、鉄道に深くかかわってきた人々の、
心によぎるワンシーンを綴ってもらった。

鉄道開業150年に寄せて ぼくの鉄道半生記

My Railway 150th Anniversary Story

ローカル線では気分がゆったりと過ごせるのがいい。
ぼくは「読み鉄」「呑み鉄」にこだわっている（篠ノ井線、姨捨駅で）

1956（昭和31）年 中央線

終戦直後に生まれ小学生の頃は名古屋に暮らしていた。名古屋は中部地方における鉄道の要衝で、東海道線、関西線、中央線などの国鉄のほか名鉄、近鉄、瀬戸電などの私鉄もあり、少年らは皆鉄道に憧れた。力走する機関車は戦後復興のシンボルだったのだ。

遠足は中央線に乗り定光寺に行った。高蔵寺を過ぎて定光寺駅の手前に二つの短いトンネルがあった。この時デゴイチはポッポッと小さな汽笛を鳴らすのだった。「トンネルだぞ！　窓を閉めよ」の合図だ。その汽笛が聞こえると、駅は近く、少年たちは身支度をするのだった。蒸気機関車は人間に親しい乗り物だった。気遣いしながら走って

Profile
ノンフィクション・紀行作家
芦原 伸
（あしはら・しん）

1946年生まれ。日本旅行作家協会専務理事。2011年11月号から復刊後の『旅と鉄道』初代編集長を務めた。同誌名誉編集長。近著に『旅は終わらない紀行作家という人生』（毎日新聞出版）。

くれていたのだ。

市内大須の家からさほど遠くないところに鶴舞駅があった。土手道になっており、長い貨車を連ねたデゴイチが時折走ってきた。「一つ、二つ」と貨車を数えるのだが、あまりに長く最後まで誰も数え切ることはできなかった。「ボァオ！」汽笛が鳴った。「注意しろよ！」と言っている。見上げると機関士の顔は笑っていた。少年たちは炭水車から零れ落ちる石炭を拾った。当時石炭は国のエネルギーを支える〝お宝〟だったのだ。

鶴舞駅から自宅までの電車道は歩いて帰った。その途中に堀川（運河）があり、材木の置かれた広場では夕方になるとコウモリが群飛していた。糸に小石を結んで空に投げると、コウモリが虫と間違えて飛びつき、糸に絡んで落ちてくる。コウモリ釣りだ。

戦後間もない焼け跡の風景を振り返ると、汽車と石炭とコウモリが忘れられない。

1970（昭和45）年 函館本線

大学は札幌に行った。この頃、国鉄の動力近代化の波は進み、蒸気機関車は全国から消えゆく運命にあった。北海道は未電化区間が多く、本州で役目を終えた蒸気機関車たちが最後の力を振り絞り活躍していた。北海道は〝ＳＬ王国〟だったのだ。この頃、秘境ブームがあり〝カニ族〟が生まれた。カニ族とは貧乏旅行者で、横長のリュックを背負っ

キハ110系はローカル線の顔だ。電車よりも気動車が好きである（磐越東線・小川郷駅で）

廃線は進んでいるが、こうして記念保存している駅がうれしい（旧広尾線、幸福駅で）

ているため車内を真っ直ぐに歩けず、横ばいになって歩くのでその名がついた。今のバックパッカーの元祖である。

学生時代、ぼくもカニ族となり道内を放浪した。ローカル線の旅が好きになったのはこの頃である。忘れもしない1970（昭和45）年3月、卒業して上京する時に乗ったのがシロクニ（C62形蒸気機関車）の引く「急行ニセコ」で、小樽から倶知安までの峠道を疾駆した。この時、豪雪のため途中の小沢駅で長らく停車してしまった。お腹が空いたが駅には売店はなく、途方に暮れた。その時、駅員が「腹が減ったのかい？」とストーブで焼いたじゃがバターをひとつくれた。当時鉄道マンは心優しかったのだ。客車へ戻る時、巨大な機関車を眺めた。そのデフレクターに「スワローエンジェル」の銀のマークが光っていた。栄光の蒸気機関車の最後の雄姿だった。

1995（平成7年）東海道、山陽、鹿児島本線

蒸気機関車ブームが終わると、ブルートレイン時代となった。ブルートレインとは固定編成の夜行列車である。航空機がまだ主流ではなかった時代、遠方の地へ行くのに、寝れば朝着くというのでビジネスマンにも人気があった。最盛期には全国で32列車が夜陰を貫いて走っていた。わけても「あさかぜ」をはじめとする九州特急、「はくつる」などの東北、北海道連絡線に人気があった。

ブルートレイン「みずほ」には格別の思い出があった。鉄道ジャーナル編集部在籍の頃、「みずほ」の食堂車を取材したこと

があり、その時聞いたウエイトレスのラブロマンスに感動したのだ。

ウエイトレスのYさんは同じ「みずほ」の乗客掛のMさんと心が通い、互いの職場が離れてもその思いは捨てきれなかった。Mさんが乗務する「上り瀬戸」、Yさんの「下りあさかぜ」は深夜、京都と大阪間で一瞬すれ違う。その時二人は窓からハンカチを振り合った。Mさんが地上駅勤務となった時、Yさんは通過する列車から花束をMさんが見送るホームへと投げ入れた。すれ違いの恋が実を結んだのである。

1995（平成7）年、ぼくはラストランを迎える「みずほ」に乗った。もはや食堂車はなく、売店だけが片隅にあり、ひとりの若者がさびしそうに立っていた。

蒸気機関車時代の置き土産、給水塔を背景に。
「時」がしばし遠のいてゆく（旧岩泉線、浅内駅で）

2022（令和4）年
北海道、廃線

初老となった今、ぼくの鉄道への思いは廃線跡に向かっている。かつてそこには鉄路があり、産業があり、地域は息づいていた。鉄道は住民の足であり、同時に石炭や森林、ダムなど日本の重要な産業基盤を支え、ぼくたちの生活を豊かにしてくれていた。

鉄道は地域の歴史、記憶でもあった。駅名には史跡やかつての村名、人名に所縁のあるものも多い。集団就職、卒業記念、新婚旅行……列車に残る記憶は人生の過程でもあった。しかし、北海道は今〝廃線王国〟となっている。ぼくの青春時代へめぐった地方路線図はほとんど白紙となってしまっている。

廃線歩きは郷愁と幻想を呼び覚ます。かつての若き日の思い出と幻となった鉄路を重ねてゆく旅の空は、どこまでも変わらず澄み切っている。草原に消えた風や雪の記憶を取り戻そうと、ぼくの「終わりなき旅」は今も続いている。

楽しかった昭和30年代の大手私鉄電車

My Railway 150th Anniversary Story

名鉄パノラマカー。
先頭の展望席ではその名の通りパノラマビューが楽しめる

魅力的な車両が続々登場

昭和30年代前半の関西の大手私鉄各社には○○カーというニックネームが付けられた電車がいろいろと登場した。南海電鉄のズームカー、近畿日本鉄道はラビットカーとビスタカー、京阪電鉄はスーパーカーとテレビカー、阪神電鉄はジェットカー、阪急電鉄はオートカーである。

阪急のオートカーは当時の鉄道マニアが付けたニックネームで阪急は電子頭脳電車と名付けていた。トランジスタによって一定の速度で走れる車両だったので電子頭脳電車としたが、さっそくマニアはオートカーとネーミングした。

南海のズームカーは平坦区間で高速運転でき、高野線の橋本

Profile
鉄道アナリスト
川島令三
（かわしま・りょうぞう）
1950年兵庫県生まれ。芦屋高校鉄道研究会、東海大学鉄道研究会を経て「鉄道ピクトリアル」編集部に勤務。現在は鉄道アナリスト。著書に『全国鉄道事情大研究』（草思社）、『旅鉄CORE』シリーズ（天夢人）など多数。

以遠にある急勾配と急カーブがある山岳線で力強く走ることができる。カメラのズームレンズのように広範囲の要求性能を満たすことからズームカーとした。特急用のデラックスズームカーも登場した。

近鉄のラビットカーと京阪のスーパーカー、阪神のジェットカーは各停専用の高加減速電車として登場。特に阪神のジェットカーの加減速性能は他の2形式よりも一段上だった。

近鉄のビスタカーは名阪特急用として登場。日本初の2階電車だった。

名古屋鉄道は運転室を2階に設け一番前まで客室にした転換クロスシートのパノラマカーを登場させた。

ロマンスカーの名は昭和30年代では小田急だけが使用していたわけではなかった。関東、関西を問わず2人掛けクロスシート車の総称として使われていた。むしろ小田急は英語の頭文字を使って特急用の3000系をSE（Super Express）車と呼ぶようにしていた。

東武も特急用の1700系をロマンスカーと呼び、さらにもっとデラックスな設備を持った1720系はDRCと呼んだ。小田急は名鉄パノラマカーと同じ構造の先頭展望車の3100系をNSEと称した。また通勤形もHE車（High Economical）を登場させた。

東急は5200系に始まって各種ステンレスカーを登場させた。京王は井の頭線にステンプラカーが登場している。

京急の1000系と京成3000系は都営浅草線乗り入れ用として登場させた。西武は秩父線が開業したとき101系をASカー（All round Service）と称した。

昭和30年代の大手私鉄は旧性能電車から高性能車に置き換わっていく時代だった。私にとってこの時代は一番楽しかったころである。

私の鉄道史上いちばん思い出深い車両

近鉄の2階建て電車のビスタカーは特急用なので子供たちにとってはおいそれと乗れない。そこで小学生にも乗れるようにと昭和37年に登場したのが修学旅行専用の「あおぞら」号だ。筆者はちょうど小学6年生だったので一番に乗ることができた。このときの情景は今でもはっきりと覚えている。修学旅行用なので2度と乗れないレアな乗車体験だった。

100周年から150周年へ
新幹線0系からN700S系へ

My Railway 150th Anniversary Story

鉄道員になることを目指し長野から上京した当時の筆者。
憧れの新幹線０系の前で

100周年ひかりは西へ
150周年かもめは長崎へ

　鉄道１５０周年に当たり、１００周年、つまり50年前の１９７２（昭和47）年はどんな年だったのか振り返ってみた。当時私は18歳、3月に昭和鉄道高校を卒業したものの国鉄の採用はほとんどなく日本大学芸術学部写真学科へ。その時点で、鉄道員への道は諦めて写真家を目指した。卒業後、出版社写真部に勤務した後はフリーの鉄道写真家として独立し今日に至るのだから、72年は私にとって人生の岐路になった年である。

　鉄道界において72年は廃止の年でもあった。京都市電の四条線、千本線など、横浜市電全線、そして荒川線を除く東京都電なども廃止されている。それだけに鉄道１００年の盛りあがりは

Profile
鉄道フォトジャーナリスト
櫻井 寛
（さくらい・かん）

1954年長野県生まれ。旅と鉄道を愛する鉄道写真家。世界95ヶ国の鉄道を取材。著書に『ぞっこん！愛しの名列車』（天夢人）など。東京交通短期大学客員教授。

私の鉄道史上
ベスト新幹線フォト

北海道新幹線、青函トンネル本州側入口ですれ違う「はやて93号」（左）と「はやぶさ12号」。E5系新幹線同士がピタリと顔を揃えた私の新幹線ベスト・スーパー・ショット。

あまり感じられなかったが、大きな慶事もあった。山陽新幹線の岡山開業である。キャンペーンの名は、「ひかりは西へ」。当時の時刻表をみれば、東京～岡山間は「ひかり」で4時間10分、車両は0系で堂々の16両編成。もちろんビュッフェ（2両）付きだ。一方、東京発のブルートレインは、「さくら」「はやぶさ」「みずほ」「富士」「出雲」「あさかぜ1～3号」「瀬戸」が健在で、蒸気機関車も各地方で最後の力走を見せていた。鉄道趣味的には最高の時代だったのだ。

それから半世紀後の２０２２年は「鉄道１５０年」というわけだが、全国で祝賀行事が行われる10月14日を目前にして、国交省の有識者会議からＪＲローカル線の「輸送密度１０００人未満」の61路線１００区間（ＪＲ東海を除く）が発表された。なぜこのタイミングなのだろう。明らかに鉄道１５０年に水を差す発表ではないだろうか。そんな２０２２年だが、非常に嬉しいことがあった。西九州新幹線の開業だ。これまで数多くの鉄道を取材してきたが、新幹線の開業ほど心踊るものはない。本当に新幹線は素晴らしい。唯一の懸念は佐賀県だが、「佐賀県内も新幹線工事着工！」というニュースを期待したい。

50年間でここまで進化した新幹線N700S系「かもめ」。大村車両基地にて

「レールが結ぶ、一本列島。」ダイヤ改正

My Railway 150th Anniversary Story

「北斗星１号」１番列車で札幌到着後に撮影した後続の３号。
この時、先頭に立つDD51はいわゆる「北斗星色」ではなく、国鉄色のママだった

乗って体感した鉄路でつながる日本列島

鉄道と触れて半世紀以上、印象的だった出来事は数多あるが、ひとつとするなら「レールが結ぶ、一本列島。」のダイヤ改正だろうか。国鉄民営化翌年の1988（昭和63）年。国鉄時代に始まった大プロジェクトが相次いで完成、北海道から本州、四国、そして九州の鉄路が1本に結ばれたのである。

まず、3月13日、青函トンネルが開業した。それを象徴するようにこの日から上野〜札幌間を結ぶ寝台特急「北斗星」が運転開始となった。ぼくは縁あって上野発の一番列車となる1号に乗車。車内からホームで開催されたテープカットを眺めつつの旅立ちだった。取材仕事だったため、シャワールームを使っ

Profile
鉄道ジャーナリスト
松本典久
（まつもと・のりひさ）

1955年東京都生まれ。出版社勤務を経て、フリーランスの鉄道ジャーナリストに。鉄道雑誌への寄稿や鉄道関連の書籍の執筆や編著などを行なっている。近著に『60歳からのひとり旅 鉄道旅行術　増補改訂版』（天夢人）など。

初めて「北斗星」に乗った時のきっぷ

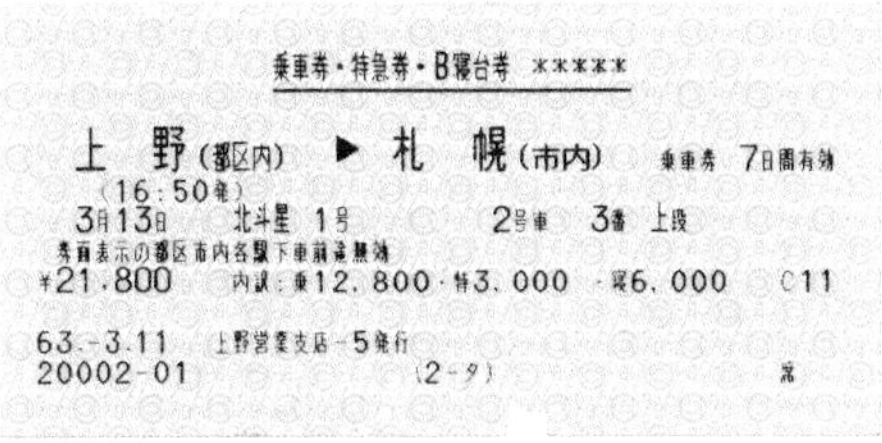
乗車券・特急券・B寝台券 ＊＊＊＊＊
上　野（都区内）▶札　幌（市内）　乗車券 7日間有効
（16:50発）
3月13日　北斗星 1号　2号車　3番 上段
券面表示の都区市内各駅下車前途無効
¥21,800　内訳：乗12,800・特3,000・寝6,000　C11
63.-3.11　上野営業支店-5発行
20002-01　（2-タ）　常

たり、食堂車グランシャリオのパブタイムを利用（フルコースのディナーは満席だった！）したりしているうちにあっという間に時間が過ぎてゆく。肝心の青函トンネルを抜ける時はもうろうとして、途中で寝落ち。長万部駅を出たところで目が覚めたが、青函連絡船への乗り換えをせずに北海道を走っていることに感動した。本州と北海道の線路がつながったことを実感した瞬間だった。

そして4月10日。今度は瀬戸大橋が開通して本州と四国の線路がつながった。この日は四国から岡山行きの特急「しおかぜ4号」で渡り初め。車両はステンレス車体のキハ185系。この車両は客室からも前方を垣間見ることができる構造だったが、松山駅を出た時は超満員。かろうじて座席側面の窓から車窓を眺める状態だった。ここで印象的だったのは、眼下に見下ろす瀬戸内海。大小の船舶が行き交い、潮の流れや小さな島々も見える。瀬戸大橋を渡っている時間は6分足らずと短かったが、これも心に残る車窓となった。

ちなみにこの時は『鉄道ジャーナル』の取材で「スーパー有明」に始まり、「にちりん」「しおかぜ」「ウエストひかり」「雷鳥」「かがやき」「あさひ」「北斗星」「ライラック」「天北」と西鹿児島から稚内まで一気に乗り継いだ。まさに「レールが結ぶ、一本列島。」を実感する旅だった。

私の鉄道史上ベスト スピード

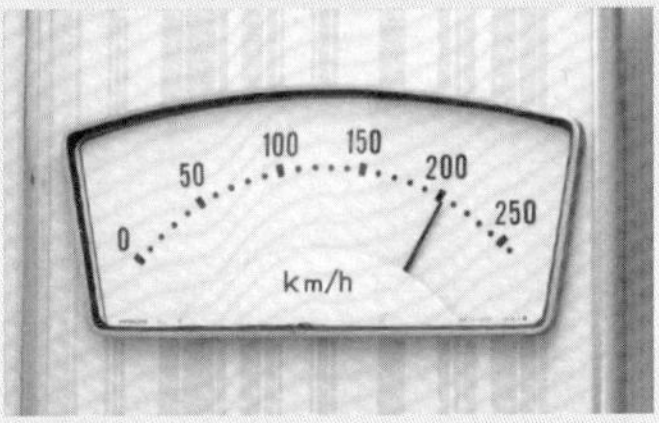

東海道新幹線「ひかり」で200km /hを超えた瞬間である。初めて新幹線に乗ったのは開業から数ヵ月あとの昭和39年12月だった。ここで生まれて初めて200km /h超えの速度を体験。ビュフェで見た速度計で確認、うれしかった。写真は後日、高校時代の乗車時に撮影したもの。

就職難でたどり着いた交通博物館の思い出とその閉館

My Railway 150th Anniversary Story

C57 形 135 号機とマレー式機関車が並ぶ交通博物館のメインホール。
機関車は大宮の鉄道博物館に移された

都心から消えた鉄道の聖地今も線路を支える旧万世橋駅

２００６年（平成18）５月14日をもって神田万世橋にあった交通博物館が閉館した。その１カ月ほど前から閉館を惜しむ人たちが押し寄せ、普段はガラガラに空いていた館内や売店に長蛇の列ができたことを覚えている。この交通博物館には特別な思い出があった。

１９７６年（昭和51）の春、通っていた写真の短期大学部を卒業した。この学校は主に写真館の師弟が多く、友達の多くは地元に帰っていった。またコネを持つ連中は新聞社や広告代理店に抜け目なく潜り込んでいた。私は都内の貸スタジオのバイト暮らしでろくに就職活動もしていなかった。気がつけば３月、大学にあった最後の求人票がこの

Profile
カメラマン&ライター
杉﨑行恭
（すぎさき・ゆきやす）

兵庫県尼崎市生まれ。カメラマン＆ライターとして旅行雑誌を中心に活動、また「駅舎」をテーマに全国の駅を巡り続けている。著書に『モダン建築駅舎』（天夢人）など。

交通博物館最後の日、大勢のファンが万世橋から暗くなるまで名残を惜しんだ

交通博物館の暗室だった。そこは博物館の最奥、重厚なレンガアーチの通路を歩いた先にあった。扉を開くと大きな水槽に水が注がれ、最初はウナギか何かの養殖場かと思った。ここが写真暗室の会社だった。レンガの奥から現れた地底人のようなおじいさんが「この子でいいよ」と言い、僕は採用された。

仕事は戦前からストックされている膨大なモノクロフィルムの管理（のちに日本カメラ財団に寄贈）と、そのプリント作業だった。ときどき国鉄のPRコーナーから巨大な写真の注文があり、レンガアーチの暗室で断頭台のようなパラゴンという引伸機でプリントを行った。仕事場が交通博物館の中なので休憩時間になると館内を遊び回った。ちょうど入社した年に室蘭本線で最後の蒸気旅客列車を牽引したC57形135号機が上下分割で搬入された。特に鉄道マニアでもなかった僕は、やがて博物館のカビ臭い空気を吸っているうちに鉄道の魅力にハマっていった。

結局その暗室には2年しかいなかった。写真バカだった僕は陸軍偵察隊あがりの先輩にモノクロ写真の基本と、いなせな江戸っ子の気風を教えられた。そんな交通博物館が消えた時、僕の青春の記憶とともに、重厚で冷たくてなおかつ熱かった鉄道の時代が終わったような気がした。

私の鉄道史上ベスト 駅舎

関東大震災の復興期に誕生し、原宿のシンボルだった原宿駅舎。英国調のハーフチンバーに塔を乗せたデザインが類を見ない秀逸さだった。「東京 2020」を口実に取り壊された。

東海道本線が
鉄道研究の起点となった

My Railway 150th Anniversary Story

鴨宮付近にあったモデル線で撮影した東海道新幹線

東海道本線との出会いから新幹線の登場まで

小生が小学校3年の時、父が大阪から東京へ転勤となったため、父、母と小生は東京の生活に移動した。大阪の家、親戚に会うために小生も東海道本線を利用することが多く、鉄道ファンへと発展していった。特急「はと」「つばめ」「さくら」などから「銀河」「明星」「大和」などの夜行急行のマニアとなってゆく。

１９５８（昭和33）年11月１日に、東海道本線には１５１系「こだま」がデビューした。高運転台の８両編成の20系電車（のちに１５１系）で窓も密閉で冷暖房を完備している車両。時速１１０㎞のスピードで東京〜大阪を結び、日帰りも可能になった素晴らしい車両だった。

Profile
カメラマン&ライター
辻阪昭浩
（つじさか あきひろ）

1943年生まれ、学習院大学鉄道研究会OB。印刷会社、外資系航空会社勤務を経て旅行会社ダンダン設立。著書に『1960年代鉄道の記録』（天夢人）など。

１９６０（昭和35）年には「つばめ」「はと」も電車化され、パーラーカー（クロ１５１）も編成の中に取り入れられた。小生はこのパーラーカーにも、一番安く乗れた名古屋～大阪間で利用した事もある。また、中央線、関西線を利用して東京～大阪間の乗車経験と鉄道写真体験を充実していった。

大学には１９６２（昭和37）年に入り、もちろん鉄道研究会に入れてもらった。日本車輌蕨《わらび》工場を見学して、その当時工事も進められていた東海道新幹線の車両も見学、勉強もさせていただいた。同年５月18日に、新幹線車両第１号１００２号車が蕨駅から早朝６時41分、池袋、目白を通り、在来線山手線を９０６２列車として鴨宮付近に工事中だった新幹線モデル線基地へ16時10分着で運ばれた。

12月22日には関東学生鉄道研究会連盟で見学会、試乗会を行い、参加させてもらって時速２００kmを初体験することができた。

１９６４（昭和39）年10月１日は東海道新幹線が東京～新大阪に開通し１５１系による在来線特急「こだま」群の列車が全廃となった。小生にとっては感情的には悲しいダイヤ改正の時期であった。

151系「こだま」の「かえだま」として走った153系車両

1964年の東京オリンピック開催時もオリンピックそっちのけで電車撮影に勤しんでいた

カバー・表紙デザイン／PEACE DESIGN STUDIO
ブックデザイン／田中麻里（fermata）
編集／近江秀佳（「旅と鉄道」編集部）
編集協力／切替智子

旅鉄 BOOKS　064
完全保存版 ニッポンの鉄道150年物語

2023年3月28日　初版第1刷発行

編　者　「旅と鉄道」編集部
発行人　勝峰富雄
発　行　株式会社天夢人
〒101-0051　東京都千代田区神田神保町1-105
https://www.temjin-g.co.jp/
発　売　株式会社山と溪谷社
〒101-0051　東京都千代田区神田神保町1-105
印刷・製本　大日本印刷株式会社

●内容に関するお問合せ先
「旅と鉄道」編集部　info@temjin-g.co.jp　電話 03-6837-4680
●乱丁・落丁のお問合せ先
山と溪谷社カスタマーセンター　service@yamakei.co.jp
●書店・取次様からのご注文先
山と溪谷社受注センター　電話 048-458-3455　FAX048-421-0513
●書店・取次様からのご注文以外のお問合せ先
eigyo@yamakei.co.jp

Printed in Japan
ISBN 978-4-635-82468-2